KB233601

대한민국 공모전

한 번에 끝내기

김정곤 지음

**대한민국 공모전
한 번에 끝내기**

김정곤 지음

2008년 5월 9일 초판 1쇄 인쇄
2008년 5월 16일 초판 1쇄 발행

펴낸이 마복남 | 펴낸곳 버들미디어 | 등록 제 10-1422호
주소 서울시 마포구 합정동 359-27
전화 (02)338-6165 | 팩스(02)323-6166
E-mail : bba666@naver.com

※책값은 표지 뒷면에 표시되어 있습니다.

'공모전'으로 취업 전선을 뚫어라!

우리나라 대학생들은 무척 바쁘다. 그것은 고학력시대로 사회가 변화함에 따라 기존에 대학만 졸업하면 당연히 취직하는 세대는 지났기 때문이다. 대학에 입학하는 것도 힘들지만 기업체에 입사하는 것은 더 힘들다. 기업체 또한 수많은 지원자 중에 서류와 면접만 가지고 실무에 적합한 인원을 선발하는 것이 큰 어려움 중의 하나이다.

그럼 어떠한 인재를 선발하겠는가? 기업체는 창의적이며 적극적인 열정이 있는 인재를 원한다. 따라서 단지 도서관에 파묻혀 높은 학점만을 위해 대학 생활을 하는 것은 시대에 역행한다고 할 수 있다. 채용 전형에서 학벌, 학점보다는 실무경험을 중요하게 보는 기업이 늘면서 '취업 5종 세트'라는 말도 나왔다. '취업 5종 세트'는 취업을 위해서는 학점은 기본이며 인턴쉽, 아르바이트, 봉사활동, 외국어활용 그리고 공모전 입상 등의 경험이 필수적이라는 의미이다.

이 취업 5종 세트 중 가장 빨리 결과를 얻을 수 있는 것이 공모전이

다. 인턴쉽, 아르바이트 등은 1~2달 이상의 기간이 소요되며 육체적,
정신적인 노동과 많은 시간을 요구한다. 하지만 주제의 핵심을 파악
한 공모전은 2~3주 정도면 기획서를 작성하고 제출할 수 있어 단기적
으로 성과를 낼 수 있다.

이와 더불어 공모전 주최사는 입상자들에게 많은 상금과 해외여
행 기회제공, 상품 제공 등의 특전을 주어 일부 공모전은 '신이 내린
공모전'이라 불리기도 한다. 심지어 상위 입상자에게는 바로 입사기
회를 주는 경우도 있으며, 그 외에 서류전형면제, 면접가산점 등의 형
태로 혜택을 주고 있다.

이렇듯 많은 혜택이 있는 공모전이지만 어떻게 공모전을 접근하
고 준비해야 하는지, 어떻게 기획서를 작성해야 하는지 모르는 학생
들이 많을 것이다.

이 책은 이러한 학생들에게 전략적으로 공모전을 준비하여 시간
을 절약하고 최선의 결과를 얻기 위한 길잡이가 되기 위해 준비되었
다. 공모전 준비과정부터 기획서작성, 프리젠테이션 발표까지 공모
전에 필요한 모든 부분을 다루었고 경영학을 공부하지 않은 학생들

도 알기 쉽게 접근할 수 있도록 사례 중심으로 만들어졌다.

한가지 반드시 알아야 할 것은 다른 사람과 똑같이 준비하면 절대로 공모전에서 입상할 수 없다는 것이다. 그러므로 전략적인 공모전 준비와 젊음의 뜨거운 열정으로 공모전에 도전하자.

단 한 개의 점포에서 출발하여 10년 만에 2,000여개의 스토어를 거느린 스타벅스 하워드슐츠 회장은 "나는 모든 커피 한 잔 한 잔에 나의 마음을 쏟아 붓는다. 만일 지금하고 있는 일에, 어떤 가치 있는 일에 마음을 쏟아 붓는다면 다른 사람들이 불가능하다고 생각하는 꿈을 실현할 수 있을 것이다."라고 말했다. 이처럼 혼신을 다해 노력하면 안 되는 일이 없다. 더더욱 공모전 도전은 구속력이 없는 자기 자신과의 약속이기 때문에 이러한 노력은 더 필요하다.

대한민국 대학생들이여! 자기만의 독특한 상상력과 기획으로 졸업 전 반드시 공모전 입상의 영광을 누려보아라.

저자 김정곤

대한민국 공모전 한 번에 끝내기

C O N T E N T S

머리말 _ 3

제 1 부 공모전 홍수시대

- 열정만으로 2%부족한 공모전 전략적으로 도전하기 _ 13
- 주최사에게 많은 이익을 주는 공모전은 보물창고 _ 15
- 상금과 특전이 넘쳐나는 행복한 공모전 수상 _ 23

제 2 부 공모전 입상공식 10가지

- 개인 플레이는 선택, 팀워크는 필수, 좋은 팀이 승패를 결정한다. _ 35
- 시간은 금이다. 시간 약속은 반드시 지켜라. _ 38
- 공지부터 작품 제출까지 원스탑 서비스, 온라인 채널을 이용하라. _ 40
- 계획이 철저해야 뜻을 이룰 수 있다. 스케줄 표를 만들어라. _ 42
- 말은 사라지지만 기록은 영원하다. 회의록을 작성하라. _ 44
- 인터넷에서도 한계는 있다. 직접적인 정보를 얻어라. _ 48
- 보기 좋은 떡이 더 맛있다. 정돈된 디자인과 깔끔한 양식을 사용하라. _ 56

- 벤치마킹은 기본, 기존 수상작을 연구하라. _ 58
- 기획서를 쓰기 위해서는, 기본적인 마케팅을 이해하자. _ 61
- 7전 8기의, 끈질긴 도전이 수상작을 만든다. _ 63

제3부　공모전 진행 프로세스

- 처음 시작이 중요하다. 나에게 맞는 공모전 선택 _ 69
- 가능한 좋은 양질의 정보 조사에 충실하라. _ 71
- 창의력이 생명이다. 나만의 아이디어를 발굴하라. _ 76
- 지리를 모르면 지도를 펴고, 순서를 모르면 목차를 구성하라. _ 80
- 이제부터 본격적인 시작이다. 세부 기획서 작성하기 _ 84
- 강한 힘은 어떻게 무장하는가에 달려있다. 기획서 전용 무기 _ 90
- 심사위원도 싫어하는 기획서의 특징 _ 94

제4부　아이디어를 얻는 논리적 사고 방법

- 접근 방식부터 다른 나만에 아이디어 발상법 _ 99
- 아이디어도 도구를 사용해 체계적으로 정리하라. _ 104

제5부　현대 마케팅으로 프로모션해라

- 드라마, 영화, 게임에 간접광고하는 PPL _ 113
- 백문이 불여일견 샘플 마케팅 _ 117
- 순식간에 퍼져나가는 입소문 마케팅 _ 120
- 또 하나의 세상 온라인에 화젯거리를 만들어라. _ 123
- 문화 마케팅으로 기업의 이미지를 심어라. _ 128

- 고객을 알면 매출이 보인다. 고객과 최대한 밀착하라. _ 131
- 쿠폰, 포인트, 마일리지, 적립카드로 고객을 Lock-in하라. _ 133

제 6 부 유용한 마케팅 원리

- 내부환경과 외부환경을 분석하는 SWOT 분석 _ 139
- 고객의 욕구를 맞추기 위한 STP전략 _ 142
- 시장을 자르고 분해하는 시장 세분화(Segmentation) _ 144
- 핵심 역량을 투여해 공략할 목표시장 선정(Targeting) _ 149
- 시장의 정확한 위치를 심어주는 포지셔닝(Positioning) _ 152
- 소비자의 머리속에 인식되는 포지셔닝맵 작성 _ 154
- 고객 만족을 위한 결합체 제품(Product) 전략 _ 158
- 소비자에게 가장 민감한 가격(Price)전략 _ 161
- 어디에 팔 것인가를 결정하는 유통(Place) 전략 _ 165
- 어떻게 판촉할 것인가? 프로모션(Promotion) 전략 _ 168

제 7 부 브랜드 공모전 도전하기

- 대한민국 브랜드 공모전 트랜드 _ 177
- 기억 속에 오래 남는 브랜드 사례 _ 182
- 방법을 알면 더 쉬운 브랜드 네이밍 기법 _ 186
- 남들과 차별화될 수 있는 슬로건 만들기 _ 190

제8 부 광고 공모전 도전하기

- 창의력이 필수인 광고 공모전 트랜드 _ 197

- 유사 작품 제출을 막기 위해 기존 수상작은 확인하라. _ 199

- 응모 주제와 작품 규격 양식은 반드시 지켜라. _ 201

- 독창적인 아이디어가 생명이다. _ 203

- 절제의 미와 고급스러움이 묻어나게 단순화하라. _ 205

제9부 공모전 프리젠테이션

- 3P 분석을 통한 프리젠테이션 전략 _ 211

- 나만의 프리젠테이션 방식, 자기의 PI를 구축하라. _ 214

- 누구나 가지고 있는 무대 공포증 퇴치법 _ 217

- 심사위원을 주목시킬 수 있는 관심을 불러 일으키는 방법 _ 219

- 치밀한 계획으로 실전을 위한 준비 전략 _ 221

- 고쳐야 하는 나쁜 프리젠테이션 습관 _ 226

후기 _ 228

추천사 _ 230

Chapter 1

공모전 홍수시대

- 열정만으로 2%부족한 공모전 전략적으로 도전하기
- 주최사에게 많은 이익을 주는공모전은 보물창고
- 상금과 특전이 넘쳐나는 행복한 공모전 수상

공모전 전략적으로 도전하기

글로벌 시대에 사는 우리들은 공모전 홍수 시대에 살고 있다. 오늘도 공모전 전문 사이트에는 수많은 공모전 공지가 업로드되고 있고 대학교 게시판에는 각종 공모전 포스터를 볼 수 있다. 아직도 이러한 공모전이 생소한 대학생일 경우 경쟁력에 뒤쳐지고 있음을 실감해야 한다.

케토톱 대학생 광고 공모전 포스터

본래 공모전의 시작은 미술작품을 공모하는 것에서 유래가 되었는데, 시간이 지남에 따라 미술 외에도 사진, 광고, 디자인, 문학, 인테리어, 체험단, 상품, 마케팅, 아이디어, 브랜드 그리고 비지니스모델 등 다양한 분야로 확대되고 있으며 지금도 그 범위는 커지고 있다. 주최대상도 과거에는 대기업에서 주로 진행이 되었지만 현재는 공기업들의 공모전 열기도 만만치 않다. 한국관광공사, 한국도로공사, 자산관리공사, 한국전력공사 등의 공기업에서 매년 대학생을 대상으로한 공모전을 개최하고 있다. 이 뿐만 아니라 각 지자체, 관공서, 학교, 교회 및 종교단체 등으로 공모전의 열풍은 확대되고 있다.

이런 다양한 공모전을 통한 많은 기회가 있지만 남들이 다하는 공모전이라 나도 한번 해보겠다고 무턱대고 시작했다간 수많은 실패와 좌절의 경험을 할 것이다. 일반 기업의 공채 경쟁률 못지 않은 것이 바로 공모전 경쟁률이기 때문이다.

공모전의 많은 혜택으로 인해 공모전에 도전하는 수가 지속적으로 늘어나 매년 경쟁률이 높아지면서 대학생 공모전의 위상은 해마다 높아지고 있는 추세이다. 공모전 당선작 수준도 올라가고 있고 현재는 준전문가 정도의 작품들이 공모전에서 수상을 받고 있다. **이런 경쟁 속에서 공모전에 수상의 기쁨을 누리고자 하는 자가 지녀야 할 마음가짐은 열정과 끈기, 그리고 전략적인 접근이 필요하다.** 무턱대고 준비하는 사람과 방법을 알고 체계적으로 접근하는 사람과의 결과는 많이 다를 것이다.

공모전은 보물창고

대한민국 대학생들이 공모전에 관심이 많은 만큼 기업체에서도 공모전 개최에 많은 관심을 가지고 있다. 이러한 트랜드로 인해 공모전 기획부터 시상까지 모든 전반적인 분야를 대행해주는 공모전 대행기관까지 생겨날 정도이니 그 인기를 실감할 수 있을 것이다. 이렇게 기업이나 자치단체가 공모전에 열을 올리는 이유는 무엇일까?

다양한 아이디어를 획득한다.

기업은 기업전략, 상품개발, 기업성장 및 매출향상계획 등 새로운 문제점에 지속적으로 직면한다. 이러한 문제를 해결하기 위해 꾸준한 노력을 하지만, 제한된 내부 인력만으로는 아이디어와 전략이 부족할 뿐만 아니라 고정된 접근 방법으로 문제해결에 어려운 점이 많은 것이 현실이다. 이러한 것들을 해결할 수 있는 방법 중의 하나가

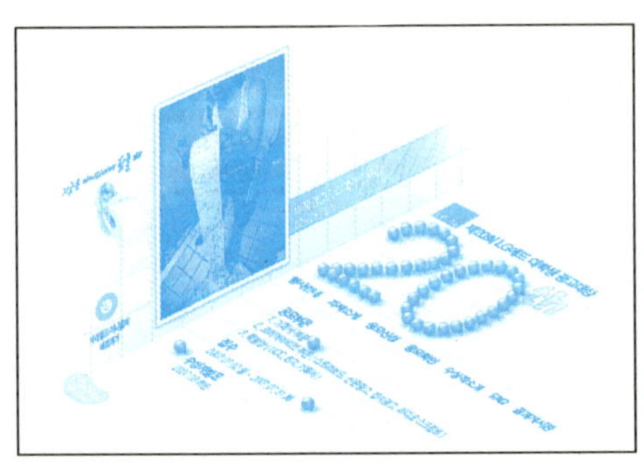

LG애드 공모전 홈페이지

공모전을 개최하는 것이다.

공모전은 가장 단시간에 최대한 많은 아이디어를 확보할 수 있는 계기가 되며 당선작에 대해서 기업체는 적극적인 실행계획을 세워 시장에 도입해 새로운 성장엔진으로서 역할을 할 수 있다. 특히나 광고 공모전은 광고의 특성상 아이디어가 산뜻하고 독창적이어야 하며 일정한 간격으로 계속 바뀌어야 하기 때문에 젊은 대학생의 창의적인 두뇌를 빌릴 수 있는 공모전이 지속적으로 이루어지고 있다. 대표적 광고 공모전은 LG애드 대학생 광고대상, 제일기획 광고 공모전, 린나이 대학생 광고 공모전 등이다.

이로부터 얻어지는 아이디어는 외부 전문기관에 용역을 의뢰하여 얻어지는 아이디어보다 훨씬 많은 아이디어를 획득하게 되며 공모전에 지급되는 상금이 더 적게 들어가기 때문에 일거다득의 효과가 있다.

특히 각종 광고 공모전이나 디자인 공모전 등의 당선작들은 적극적으로 현업에 활용할 뿐만 아니라 당선자들을 각종 체험프로그램에 참여시켜 공모전 당선과 체험 경력을 제공해 주고 있다. 실제로 최근 진행된 KTF, 소니 코리아, 한화그룹 등의 경우 디자인 부분 수상작을 적극 활용한 사례들을 볼 수 있다.

공모전 참가자의 기본은 주최사의 분석에서 시작된다. 따라서 공모전이 공고됨과 동시에 주최사의 홍보는 자동적으로 시작된다. 특히나 브랜드 네이밍 공모는 기업체의 상품이나 서비스를 공모전 응시자에게 바로 알릴 수 있다.

한 예를 든다면 **오뚜기에서 주최한 '양념이 진짜라면'은 대학생에게 입사라는 파격적인 수상을 내건 'P세대 라면 이름 공모전'에서 나온 산물이다.** 라면 맛을 보고 이름을 구상하게 하는 색다른 공모전으로 많은 상금 및 시상과 더불어 대학생에게 '취업'이라는 강한 유혹으로 많은 이슈를 만들어냈었다. P세대라면 공모전은 제품과 가장 잘 어울리는 이름을 포

오뚜기 P세대라면 공모전 포스터

장지 전면의 응모권과 함께 엽서에 붙여 보낸 응모자를 대상으로 진행되었으며 취업난이 심각한 현실을 반영한 '대학생 취업보장권'이 뜨거운 이슈로 부각돼 전국 각지의 대학생들로부터 많은 관심이 쏟아져 일반인을 포함해 무려 33만여건에 이르는 응모자가 쇄도했었다. 이를 통해 자연스럽게 오뚜기 브랜드와 P세대 라면의 노출빈도 수를 높여 좋은 홍보 효과를 볼 수 있었다.

이렇듯 기업에서 진행하는 신제품 아이디어 공모, 제품사용 사진 공모, 브랜드 네이밍 공모, 마케팅 전략 및 광고기획 공모 등은 자연스레 주최사의 홍보마케팅 수단과 연계하여 진행되는 공모전들이다. 많은 공모전 홍보 사이트와 온라인 카페 그리고 각 대학의 온·오프라인 게시판까지 공모전의 공지 하나만으로도 이미 주최사의 홍보가 시작된다고 할 수 있다.

제 1회 햇반공모전에서는 제일제당 홈페이지에 공모전 사이트를 오픈함과 동시에 네이버 카페에서도 햇반 공모전 전담 코너를 오픈해 많은 관심을 불러 일으켰다.

때로는 공모전에 출품하기 위해서는 반드시 주최사 사이트에 회원가입을 유도해 자연스럽게 회원을 늘리는 효과까지 보고 있다. 실제 온라인 사이트에 회원가입을 유도하기 위해서는 이벤트, 광고, 제휴 등의 마케팅 비용이 투입되어야 하는데 비하면 공모전 주최를 통한 회원가입은 거의 비용이 들지 않는다고 할 수 있다.

자연스럽게 잠재고객을 형성시킬 수 있다.

공모전은 미래 고객과 소통할 수 있는 좋은 계기가 된다. 일단 공모전을 참가하는 대학생들은 공모전참가 기간 내 주최사의 브랜드와 상품 등에 대해 연구하게 되고, 이러한 기억은 오랫동안 뇌리에 자리잡아 주최사의 브랜드 및 상품에 자연스럽게 관심을 가지게 된다. 적은 비용으로 일반광고 매체보다 더 효과가 있으며 앞으로 수년 내에 사회초년생으로 자리를 잡게 될 대학생들을 자연스럽게 고객으로 맞이 할 수 있다.

　예를 들어 대우전자에서 '클라세 김치냉장고' 마케팅 공모전을 개최한다고 하면 참가 대학생은 대우전자뿐만 아니라 '클라세 김치냉장고' 도 연구를 해야 한다. 사실 김치냉장고의 선발주자인 위니아 만도의 '딤채'와 비교하면 브랜드 인지도에서 차이가 있다.

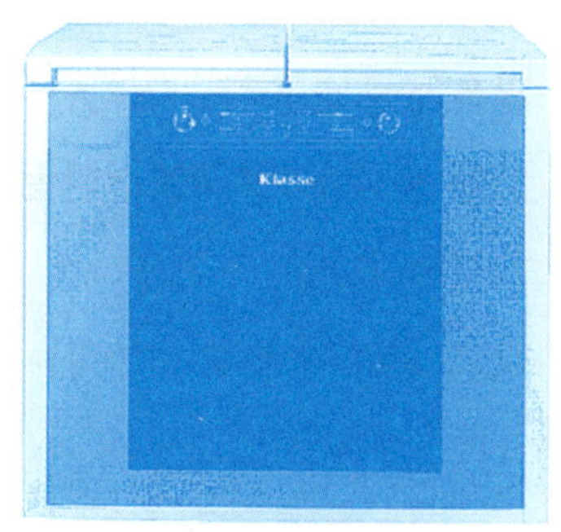

대우 클라세 김치냉장고

　하지만 그전에 '클라세' 브랜드를 잘 몰랐던 학생들도 자료를 조사하고 기획서를 만드는 과정에서 자연스럽게 '클라세' 라는 브랜드가 머릿속에 각인이 된다. 대학 졸업 후 머지않아 바로 결혼 적년기에 들어오는 대학생들이 실제 김치냉장고를 구입할 때 한번쯤은 연구했던 '클라세 김치냉장고' 를 자연스럽게 생각하게 되고, 차후 구입으로도 연결시킬 수 있다. 이렇듯 공모전은 잠재 고객을 발굴하게 되는 마케팅 수단으로도 사용될 수 있다.

주최사를 이해시킨다.

　같이 한끼의 식사만 하더라도 금방 친해지고 만남이 편해지는 것이 사람이다. 하물며 공모전을 준비하는 학생들은 짧게는 1주에서 길게는 몇 달 동안 주최사의 이모저모를 조사하고 실제 기업의 입장에서 고민하고 연구한다. 그 친근감이 얼마나 크겠는가? 공모전은 예비 직장인인 대학생과 기업이 서로 긍정적으로 교류하며 아이디어를 발굴하는 매개체로, 참가자인 대학생들은 기업의 입장과 소비자의 입장을 동시에 이해하면서 아이디어를 발굴하고, 마케팅전략을 짜며 기획서 및 작품을 제출하게 된다. 이렇게 참가하는 학생들은 기업의 현황, 전략, 상품 및 문화를 이해하게 되고 그것을 받아들이게 된다.

창의적인 인재를 발굴할 수 있다.

기업체의 가장 중요한 자원 중에 하나가 인적자원이다. 이러한 이유로 우수한 인재가 많다는 것은 그만큼 경쟁력이 있다는 것을 의미한다. 우수 인재를 보유하기 위해 각 회사 채용 담당자는 알게 모르게 인재채용에 대한 많은 어려움을 가지고 있다.

현재 취업시장에서는 구직자의 능력을 검증하기 위해 서류 전형 및 1, 2차 심지어는 3차까지 면접을 보는 기업체도 적지 않다. 하지만 여러 차례의 면접으로도 그 짧은 면접시간에 실제 구직자의 능력을 파악하기란 어렵다.

하지만 공모전에서 입상한 경력이 있는 입사지원자는 이미 창의적이고 기획적인 마인드를 겸비하고 있으며 무엇보다 주최사를 사전에 연구하고 준비한 적극성과 열정을 소유하고 있는 인재라 할 수 있다. 뿐만 아니라 공모전 심사 과정에는 대부분 1차 기획서 및 작품 심사와 2차 프리젠테이션 경쟁도 포함되어 있어, 입상자는 대부분 기업이 요구하는 기본적인 자질을 보유했다고 할 수 있다. 이러한 이유로 주최사는 공모전을 통해서 창의적인 인재를 발굴하고 서류전형 면제나 바로 인재채용까지 연결시킬 수 있어 비용적으로나 시간적인 부분을 줄일 수 있다. 무엇보다 실제 현업에서 요구되는 인재를 조기에 발굴할 수 있는 큰 효과를 지닌다.

최근 진행된 공모전 주제

* 현대 자동차: 현대자동차 문화마케딩 운영전략, 엔트리 수요층 관심도 제고를 위한 중소형차 프로모션 전략, 실버세대를 위한 프로모션 운영 전략

* CJ 제일제당: 상품밥 시장의 수요확대를 위한 햇반의 마케팅 프로모션 전략, 브랜드 선호도 제고를 위한 햇반의 광고안

* 소니 코리아: 소니 브랜드 자산을 강화할 수 있도록 향후 8년간 (2007년~2014년) 소니 코리아의 FIFA 스포츠 마케팅 전략

* 클라세 김치냉장고: 명인비법 클라세 김치냉장고 마케팅 아이디어, 클라세 김치냉장고 스타일 마케팅 아이디어

* 교원그룹 교육생활 문화 공모전: 교원그룹의 교육사업 활성화 방안, 키즈 산업 내에서의 신규사업 또는 상품기획, 신개념 생활가전 상품기획

* 보해 양조 공모전: 브랜드 이미지 제고를 위한 통합 마케팅전략
  (잎새주, 매취순, 보해복분자주), 보해 기업 이미지 제고를 위한
  사회적 책임 측면에서의 PR 전략

* KT&G 상상마당: 대한민국 브랜드 가치 향상을 위한 마케팅 전략,
  해외 신규 시장의 성공적 개척을 위한 단계별 마케팅 전략, 세계
  속의 KT&G가 되기 위한 KT&G의 글로벌 마케팅 커뮤니케이션
  전략

* SKT 컬러링 마케팅 아이디어 공모전: 컬러링 그리고 컬러링 플러
  스 분야의 신규 서비스 아이디어

* 웅진코웨이 마케팅 공모전: 글로벌 생활환경기업, 서비스전문기
  업 reposition 전략, 15~25세대에 대한 커뮤니케이션 전략, 당사
  회원을 활용한 마케팅 전략, 신사업 전략

* 롯데 백화점 대학생 환경 공모전: 환경경영을 전개하는 글로벌기
  업 또는 국내 대기업과 롯데백화점이 함께 진행할 수 있는 공동
  캠페인

* 아모레퍼시픽 대학생 마케팅 공모전: 녹차를 커피보다 즐길 수
  있게 하는 아이디어, 남성 Grooming 시장 활성화를 위한 신제품
  제안 및 프로모션 기획, 대학생이 열망하는 메이크업 제품을 만
  드는 마케팅 전략

행복한 공모전 수상

공모전은 주최사에게 많은 이익이 주기 때문에 대한민국 100대 기업 중 약 70%와 대부분의 국가 행정부나 시·도·군 구 등의 지자체가 공모전을 개최하고 있다. 이런 공모전은 주최사에 대한 이익과 더불어 공모전을 참가하는 대학생들에게도 여러 가지 혜택이 있다. 이렇듯 공모전은 주최측과 참가측 모두에게 이득이 되는 것이며, 그 결과물 또한 생산적이기 때문에 사회에 빨리 자리를 잡게 되었고, 그 참여 대상도 일반인과 대학생으로 확대되고 있다.

여러 기업들이 이미 공모전을 통해 실력이 검증된 인재를 채용하려고 하고 있으며 공모전 주체사는 수상자를 채용시에 우대하거나 여러가지 특전을 부여하여 인재확보에 힘을 쓰고 있다.

자신의 지식을 넓힐 수 있다.

마케팅 전략, 아이디어, 브랜드 공모, 논문, 디자인, 광고 등의 주요한 대학생 공모전은 **주최사의 산업과 기업을 공부하고 이해하는 과정을 통하여 참가자 자신들의 경제, 경영, 마케팅 등 상식을 넓히고 기획력, 파워포인트 작성, 발표력 등의 능력을 키울 수 있다.** 특히 전공자는 전공 이론을 실제 사례에 접목시켜, 취업에 앞서 실전 경험을 쌓을 수 있으며 비전공자는 새로운 분야를 배우고 도전하는 가운데 자연스럽게 다양한 지식을 습득할 수 있다. 이미 온라인에서는 마케팅과 기획을 배우기 위한 동호회 활동들이 활발이 이루어지고 있으며, 이러한 모임이 온라인에 그치지 않고 정기적인 오프라인 모임을 구성해 서로의 마케팅 사례와 공모전 기획을 논의하는 모습을 흔히 볼 수 있다.

사회생활의 역량을 키울 수 있다.

대부분의 공모전은 팀을 구성하여 이루어지기 때문에 공모전 준비단계에서부터 팀워크를 통한 스케줄 작성, 기획회의 진행, 회의록 작성 등의 경험을 축적함과 동시에 효율적으로 자료를 조사하며, 준비된 자료를 가공하여 파워포인트 등의 문서를 만드는 사무능력도 키울 수 있다. 이와 더불어 타인에게 자신의 의견을 제시하며 설득하는 능력, 조율하는 능력, 토론 능력 그리고 프리젠테이션 능력 등이 배양되어 사회생활에 필요한 기초적인 역량을 키울 수 있다.

성격면에서도 대체적으로 과거 유교적인 사회 환경에 따라 자신의 의견을 먼저 내세우지 못하는 경향이거나, 너무 신중하며 인내심이 많아 자신감이 결여되어 있는 수동적인 성격의 소유자가 대학생 중에 의외로 많다. **하지만 공모전을 준비하는 단계에서 자신의 의견을 표출하고 적극적으로 먼저 행동하고자 노력함으로 인해 수동적인 성격이 창의적이고 도전적이며 리더쉽이 강해지는 긍정적인 성격으로 바뀌는 사례를 많이 봐왔다.** 이렇게 공모전을 준비하면서 오늘날 사회가 요구하는 진취적이고, 창의적인 인재가 될 수 있다.

금전적인 이익이 있다.

올해 공모전 중에 KT(www.ktaward.co.kr)가 총 상금이 4억원에 달하는 공모전을 개최했다. 사업방향에 대한 아이디어, 영상 컨텐츠 부분 등을 모집한 이 공모전은 1등 상금만 5,000만원에 달하여 그 규모를 실감나게 했다. 심사과정도 공모전 홈페이지 응모작 갤러리 메뉴를 통해서 네티즌들에게 공개되었고 네티즌의 평가도 최종 심사에 반영해 단지 주최사와 참가자와의 잔치가 아닌 네트즌까지 확장된 오픈형 공모전으로 발전시켰다.

KT디지털컨텐츠 공모전 포스터

그 외 대기업에서도 매년 수상 상금이 높아지는 추세에 있으며 이런 큰 대회만을 공략하는 공모전 팀도 생겨나고 있다. 이토록 공모전에 참가하면 **금전적인 이익도 있으며 해외탐방, 서류 전형 면제, 주최사 상품제공 등 다양한 특전이 있다.**

대학생들이 할 수 있는 여러 아르바이트가 있지만 보통 기간이 1달 이상의 꾸준한 육체적 정신적인 노력이 필요하며 그에 따른 보상도 그리 많지 않다. 하지만 잘 준비된 공모전 참가는 수상경력과 다양한 특전뿐만 아니라 금전적인 이득도 볼 수 있어 보다 효율적이다고 할 수 있다.

Tip | 대상 수상금이 높은 공모전

공모전	주최사	상금
동부화재 보험상품 아이디어 공모	동부화재	1,000
교원그룹 대학생 교육생활문화 공모전	㈜교원	1,000
하나은행 건축 리모델링 디자인 공모전	하나은행	1,000
공예상품 디자인 공모전	(재)한국공예문화진흥원	1,000
인천국제디자인페어 공모전	인천광역시	1,000
로보트태권브이 Design Renovation Contest	㈜로보트태권브이	1,000
한국 문화콘텐츠 해외 진출전략 논문 공모전	(사)한국경영학회	1,000
대학원생 무역논문 공모 및 발표대회	한국무역협회,학국경제신문	1,000
교원그룹 대학생 교육생활문화 공모전	㈜교원	1,000
대한민국 보안기술 논문대상 공모전	한국조폐공사	1,000

휴먼테크 논문대상	삼성전자	1,000
청주공예문화상품 대전	청주시	1,000
대학생 마케팅 포럼	현대자동차	1,000
현대캐피탈 대학생 광고 공모전	현대캐피탈	1,000
신상품 및 마케팅 아이디어 공모전	KB국민은행	1,000
KTF스타일 & 디자인 공모전	KTF	1,000
Term-Paper 현상공모	파이낸셜뉴스	1,000
대한민국 기업경영 논문 및 사례연구 대학(원)생 공모전	KMAC	1,000
대한민국 대학생 광고경진대회	한국광고 단체연합회	1,000
저출산고령화 대응 광고 작품 공모	저출산고령사회위원회	1,000
웅진코웨이 마케팅 공모전	웅진코웨이	700
웅진코웨이 제품디자인 공모전	웅진코웨이	700
한경 대학생 경제논문 공모전	한국경제신문사	700

*상금: 대상 기준. 단위: 만원

취업에 도움이 된다

무엇보다 대학생들에게 가장 큰 관심사는 취업이다. **공모전을 통해 많은 기업체들이 입상 즉시 취업의 영광을 주는 것보다는 가산점이나 서류전형면제 등의 혜택으로 진행하고 있는 추세이다.**

대표적으로 포스코는 대학생을 대상으로 '포스코 연구논문상 공모전'을 열어 '기업 경영혁신 분야', '철강산업 신수요', '포스코 미래성장을 위한 제언' 등 3가지 주제로 총 2,600만원의 상금을 주었고, 최우수 및 우수상 수상자에게는 포스코 입사 지원시 우선 응시기회도 부여하였다. 태평양에서는 마케팅 공모전 'Everyday New Marketing'을 실시하여 최우수상과 우수상 수상자 3팀에게는 2개월 간의 인턴쉽 기회와 함께 태평양 입사지원시 가산점을 부여했다.

KT&G에서는 대학생을 대상으로 '마케팅 루키리그 공모전'을 시행하여 수상자에게는 총 1,150만원의 수상금과 KT&G 기업문화와 실무역량, 국제화교육을 받을 수 있는 인턴쉽과 해외마케팅탐방을 할 수 있는 해외연수 기회를 제공하고 입사시 가산점까지 주어졌다. 그 외에 많은 기업들이 입사시 가산점이나 응시기회를 제공하고 있다.

> **Tip**
>
> ## 취업 특전을 주는 공모전
>
> | 공모전 | 주최사 | 특전 |
> | --- | --- | --- |
> | 중소기업 연구논문 현상공모 | 중소기업진흥공단 | 가산점 |
> | 대학생 연구논문 및 아이디어 공모전 | 기업은행 | 가산점 |
> | 동부화재 전국대학(원)생 논문 공모전 | 동부화재 | 가산점 |
> | 대한민국 기업경영 논문 및 사례연구 대학(원)생 공모전 | KMAC | 가산점 |
> | 웅진코웨이 제품디자인 공모전 | 웅진코웨이 | 가산점 |
> | 현대로템 대학생 철도차량 디자인 공모전 | 현대로템 | 가산점 |
> | 베이직하우스 오가닉 티셔츠 디자인 공모전 | 베이직하우스 | 가산점 |

웅진코웨이 마케팅 공모전	웅진코웨이	가산점
대학생 연구논문 및 아이디어 공모전	기업은행	가산점
Inside Edge 논문대상	삼성전자	가산점
대한민국 경영품질 우수논문 공모전	한국능률협회	가산점
대학(원)생 금융 논문 공모	금융감독위원회	가산점
신상품 아이디어 공모전	우리은행	가산점
교원그룹 대학생 교육생활문화 공모전	㈜교원	서류전형면제
소니코리아 "Dreamers Championship"	소니코리아	서류전형면제
BIO논문 공모전	보건복지부, 충청북도,	서류전형면제
신세계 유통프론티어	㈜신세계	서류전형면제
새로운 청바지 브랜드 런칭을 위한 공모전	한애NT	입사우대
대학생 및 대학원생 논문 현상공모	경기개발연구원	입사우대
환경기술아이디어공모	한국환경기술진흥원	입사우대
아모레퍼시픽 대학생 마케팅 공모전	㈜아모레퍼시픽	인턴쉽 제공
대학생 마케팅 PR공모전	처음처럼	인턴쉽 제공

해외 견학 등 다양한 특전이 많다.

기업들이 진행하는 공모전의 규모나 부상의 내용도 점점 다양해
지고 있다. 대학생들로선 공모전 입상으로 경력도 쌓고, '공짜' 해외
여행과 해외기업을 탐방하는 기회도 가질 수 있어 학생때 더 없는 좋
은 기회이다.

대상 1,000만원을 비롯해 모두 5,500만원의 상금을 내건 현대자동

차의 '대학생 자동차 마케팅 포럼' 수상자들에겐 3박5일간의 '미국 앨라배마공장 견학' 기회가 주어져 큰 관심을 끌었고 패션업체 FnC 코오롱이나 주얼리 업체 크리스탈타워 등은 디자인 공모전을 통해 대학생들에게 해외 패션쇼 등에 참가할 기회를 제공했으며 웅진코웨이에서는 대상에게 두바이 탐방기회를 제공했다. 스포츠토토는 축구에 열광하는 젊은이들을 대상으로 '영국 프리미어 리그 체험단'을 모집했다.

> **Tip**
>
> ## 해외 견학의 특전을 주는 공모전
>
> | 공모전 | 주최사 | 해외 탐방 |
> | --- | --- | --- |
> | 현대자동차 마케팅 포럼 | 현대자동차 | 두바이 연수 |
> | 대학생 주공 혁신마케팅 아이디어 공모전 | 대한주택공사 | 해외기업 탐방 |
> | 중소기업 연구논문 현상공모 | 중소기업진흥공단 | 단기해외연수 |
> | 롯데백화점 대학생 환경공모전 | 롯데백화점 | 크루즈 투어 |
> | 웅진코웨이 마케팅 공모전 | 웅진코웨이 | 두바이 연수 |
> | 공예상품 디자인 공모전 | (재)한국공예문화진흥원 | 유럽탐방 |
> | 기후변화협약관련 대학(원)생 논문공모 | 에너지관리공단 | 인도네시아 연수 |
> | 대학(원)생 골프 논문 공모전 | (주)지엠아이골프그룹 | 중국견학 |
> | 신세계 유통프론티어 | ㈜신세계 | 중국연수 |
> | BIO논문 공모전 | 보건복지부 | 중국탐방 |
> | 아모레퍼시픽 대학생 마케팅 공모전 | ㈜아모레퍼시픽 | 프랑스 연수 |

웅진코웨이 제품디자인 공모전	웅진코웨이	해외박람회
e스포츠 논문 공모전	한국e스포츠협회	해외견학
스포츠산업 진흥 대학(원)생 아이디어 공모	문화관광부	해외연수

다양한 경력을 확보할 수 있다.

계획적으로 진행하는 공모전 가운데 좋은 결과를 가져온 출품작은 자신의 좋은 경력으로 남는다. 이러한 수상 경력을 통해 입사지원자의 실력을 가늠할 수 있으며 이를 통해 취업과 연결이 가능하다. **수상경력을 당당히 이력서에 첨부하여 제출할 수 있고, 기업체 또한 이런 공모전 이력에 많은 가산점을 주고 있다.** 면접시에도 본인이 수상받은 공모전 기획서를 토대로 면접의 소재로 삼으면 면접관과 많은 이야기를 나눌 수 있어 면접시간이 그리 길게 느껴지지 않을 것이며, 공모전 경력이 없는 입사지원자와 차별성을 보일 수 있다. 남들과 차별화된 무언가를 제시하지 않으면 면접 점수는 높지 않을 것이 당연하다. 이렇듯 본인이 부족한 부분을 공모전 수상 경력으로 돋보이게 할 수 있다.

공모전에 대한 준비를 4학년이 되어서 다급하게 진행하는 것은 늦은 감이 있다. 요즘은 1학년때부터 경력관리가 필요하고 앞으로의 진로를 생각하면서 관심분야에 적극적으로 도전하는 것이 필요하다. 유통쪽으로 진출을 계획하고 있으면 신세계 유통공모전, Familymart,

대학생 유통프론티어 공모전, 애경유통공모전 등을 준비해 수상경력을 준비해 놓으면 다른 입사지원자보다 경쟁력을 가질 수 있고, 그 산업에 대해 사전에 공부도 할 수 있기 때문에 준비된 신입사원이라 할 수 있다.

올해 부산대학교를 졸업하는 K씨는 평소에 관심이 있었던 마케팅 공모전을 참여하기 위해 선·후배와 함께 마케팅 클럽을 만들어 2년간 총 11개의 공모전에 도전하여 그 중 5개 공모전에서 수상의 기쁨을 맛보았다. 이러한 수상과 도전 경력으로 이미 3군데의 국내 대기업에서 러브콜을 받았다.

Chapter 2

공모전 입상공식 10가지

- 개인 플레이는 선택, 팀워크는 필수 좋은 팀이 승패를 결정한다
- 시간은 금이다. 시간 약속은 반드시 지켜라
- 공지부터 작품 제출까지 원스탑 서비스, 온라인 채널을 이용하라
- 계획이 철저해야 뜻을 이룰 수 있다. 스케줄 표를 만들어라
- 말은 사라지지만 기록은 영원하다. 회의록을 작성하라
- 인터넷도 한계는 있다. 직접적인 정보를 얻어라
- 보기 좋은 떡이 더 맛있다! 정돈된 디자인과 깔끔한 양식을 사용하라
- 벤치마킹은 기본, 기존 수상작을 연구하라
- 기획서를 쓰기 위해서는 기본적인 마케팅을 이해하자
- 7전 8기의 끈질긴 도전이 수상작을 만든다

좋은 팀이 승패를 결정한다

소니코리아 공모전 논문부분에 최우수상을 수상한 L씨는 팀워크에 대한 중요성을 강조하였다. 평소 친하게 지내는 친구들과 작업을 했지만 서로의 개성과 생각이 달라 각자 이견이 생길 수 밖에 없었고, 토론을 하던 중에도 다툼이 생기기도 했다고 한다. 하지만 **상대방의 생각과 가치를 인정하고 무엇보다 합리적, 객관적인 사고를 가지고 접근하는 것이 좋은 아이디어를 낼 수 있는 방법이었다고 한다.**

공모전을 처음 시작하는 학생들은 의욕은 있지만, 어떻게 진행을 해야 하는지, 어떤 방식이 나은 것인지 등을 잘 알지 못해 시도조차 못하는 경우가 있다. 하지만 기존에 공모전을 도전했던 사람들의 도움을 받든지, 함께 팀을 꾸려가면 그 시행착오가 많이 줄어들 것이다. 그리고 학점관리, 어학공부, 봉사활동, 인턴 근무, 동아리활동 등 해야 할 것이 많은 대학생들이 공모전에만 시간을 다 투자할 수는 없다.

　금융자산에 투자할 시에 포트폴리오를 구성해서 투자하듯 대학생활중 공모전을 준비하는 데에도 효율적인 포트폴리오가 중요하다. 아이디어 발굴, 자료 조사, 파워포인트 작성 등 이 모든 것을 혼자하기에는 많은 시간이 소요될 수 밖에 없기 때문이다. 하지만 2~4명 정도의 팀을 짜서 공모전을 준비하면 이러한 문제점을 해결할 수 있으며 결과물도 좋게 나올 수 있다. **최대 4명까지 팀을 구성하는 것이 좋다.** 그 이유는 대부분의 공모전 팀원의 제한이 4명까지이고 4명이 넘어가면 팀의 운영과 통제가 어렵기 때문이다.

　홈런타자 베이브 루스가 말한 것처럼 팀이 가장 뛰어난 선수이며, 팀내의 선수들이 하나로 움직일 때 그 팀은 성공한다. 세계에서 가장 우수한 스타들이 모여 있는 팀이라 하더라도 그들이 하나의 팀으로 움직이지 않는다면 그 팀은 10센트의 가치도 없다. **팀 구성원은 모두 공모전에 열정이 있고 가급적 친한 사이로 구성하는 것이 좋다.** 이렇게 열정을 강조하는 이유는 공모전 수상이라는 공통된 목표를 가지고 열심히 할 수 있는 팀원이어야만 책임감을 가지고 끝까지 공모전을 준비할 수 있기 때문이다.

　공모전은 특성상 마감 사간이 있으며, 이 시간을 지키기 위해서는 각각의 팀원들이 맡은 부분을 잘 준비해야만 진행할 수 있다. 만약 한 명이라도 책임을 다하지 않고 회피한다면 팀 자체의 분위기가 와해될 뿐 아니라 마감시간까지 기획서를 만들지 못할 가능성이 있다. 이로 인해 오히려 좋은 일로 만났다가 더 껄끄러운 사이로 변할 수 있으니 반드시 열정이 있는 팀원들로 구성된 특공대를 조직해야 한다. 열정적인 사람들은 어떻게든 일을 해내고 다른 사람들에게 사기와 의욕을 불러 일으킨다. 우리가 잘 아는 것처럼 열정은 전염성이 있다.

이런 **팀을 구성한 후 팀장을 정하고 팀명과 슬로건을 정하자.** 팀명과 슬로건은 팀의 소속력을 높혀주고 목표를 뚜렷하게 만들어준다. 팀장은 회의 날짜를 잡고 회의 일지를 정리하며 팀원들간에 업무를 분담시키는 역할을 맡도록 한다.

> **Tip**
>
> ## 팀명 및 슬로건 예
>
> - 팀명 : 무한상장　　슬로건 : 시작은 미약하나 그 끝은 창대하리라.
> - 팀명 : 마루　　　　슬로건 : 정상에서 만나자!
> - 팀명 : 밤비노　　　슬로건 : 초지일관!
> - 팀명 : 늘품　　　　슬로건 : 우리를 밟고 가라!
> - 팀명 : 무한도전　　슬로건 : 최고를 위하여!
> - 팀명 : New　　　　슬로건 : 새로운 변화, 새로운 도전.
> - 팀명 : Dream　　　슬로건 : 꿈은 이루어진다.
> - 팀명 : Carpe　　　슬로건 : 항상 즐겨라!

시간 약속은 반드시 지켜라

시간이 귀중하다는 사실을 부인할 사람은 없다. '시간은 돈이다', '시간은 황금이다,' '시간은 생명이다' 라는 말들로 선현들은 시간의 중요성을 나타내고 있다.

모든 시간은 가치가 있다. 유료 주차장에 차를 세워두면 시간의 경과에 따라 돈을 지불해야 하며, 현대인의 필수품인 휴대폰 역시 통화한 시간에 따라 요금이 계산된다. 은행에 돈을 맡기면 맡긴 기간에 따라 이자를 받을 수 있다. TV의 광고료는 초단위로 계산된다.

미국의 전 대통령 클린턴은 퇴임 후 중국에서 진행한 강의에서 20분간 강연하고 2억원의 강의료를 받았으며, 한국의 버라이어티 쇼 메인 MC인 유재석은 한 프로 당 800만원 이상의 수익을 올린다고 한다. 시간은 그 자체가 바로 돈이다. 또한 다른 사물을 활용하게 하는 자료이기 때문에 이중자원이라고 할 수 있다.

이렇게 시간의 중요성를 강조하는 것은 일단 개인이 아닌 팀으로 공모전을 진행하다 보면 그 중요성은 두말할 필요가 없다. 모임 시간에 늦게 도착하고, 자료 조사나 사전 과제물을 제시간까지 해결해오지 않으면 공모전 작품제작은 더 늦추어져 가고 결국엔 졸작으로 제출해야 할 때가 많다. 최종의 목표인 공모전 수상은 커녕 마감시간까지 제출을 하지 못하는 계기가 되는 것 또한 작은 것에서부터 시작된다.

공모전을 준비하는 팀도 하나의 조직처럼 규칙을 정하고 서로 따르도록 노력해야 한다. 약속시간을 지키는 것은 가장 기본이 되는 규칙이며 이것이 지켜지지 않을 때 그 분위기는 물론이고, 서로 좋지 않은 감정이 생길 수도 있다. 여러 번 시간 약속이 지켜지지 않으면 약속시간에 늦게 도착하는 것과 회의가 지연되는 것이 당연시 되어 팀의 분위기가 와해되는 것을 많이 경험했을 것이다. 이렇듯 개개인의 시간 준수가 팀워크 형성 및 공모전의 성과에 중요한 역할을 한다.

현재 각 대학에서 소모임단위로 활성화되어 있는 스터디에서 사용되는 방법처럼 시간 약속을 지키기 위해 벌금 제도나 다른 규칙을 정하는 것도 하나의 방법이 될 수 있다. 이런 기본적인 시간 약속이 지켜지지 않으면 차라리 혼자 준비하는 공모전이 더 좋을 수가 있다.

온라인 채널을 이용하라

초고속 인터넷과 함께하는 정보화 시대에 살고 있는 우리는 많은 혜택을 받았다. 그 중에서도 온라인 공간은 공모전을 준비하는 대학생들에게 많은 효율성을 제공한다. 온라인을 통해서 공모전 선택부터 작품 발송까지 원스탑으로 할 수 있다. 다양한 공모전에 대한 정보와 가이드도 알 수 있으며 함께 준비할 팀도 구할 수 있다. 이러한 온라인 공간을 잘 이용하면 오프라인 모임의 횟수를 최소화하여 이동 시간과 비용을 줄일 수 있고 이로 인해 업무에 효율성도 증가한다.

가장 기본적인 온라인 수단이 이메일이며 이를 이용하여 회의내용, 스케줄, 아이디어, 마케팅 자료 등을 회원들에게 발송하고 각각의 자료들을 받아볼 수 있다. 온라인 저장 공간으로는 웹하드와 온라인 카페가 있다. 조사한 자료를 업로드하여 기본적인 자료 공유를 할 수 있으며, 게시글과 댓글을 이용하여 생각을 알릴 수 있다. 다음

(Daum)이나 네이버(Naver) 카페 및 블러그를 통해 팀명으로 카페를 개설하여 공모전 가이드, 스케줄, 조사 자료, 아이디어, 각자 업무 등을 업로드시켜 놓으면 어디서든지 확인하고 자료를 공유할 수 있다.

현재 대학교 3학년인 K씨는 작년부터 다양한 마케팅 공모전에 참가하고 있으며 진행되는 과정을 네이버 블로그에 기록하고 있다. 수상에 실패한 작품에 대해서는 결과에 대한 미진한 부분을 기록하여 차후 수상의 발판으로 이용하고 있고 이 블러그를 통해 팀을 결성하고 정보를 교류하는 채널로 사용하고 있다. 이러한 공모전에 대한 지속적인 관심과 노력으로 벌써 국내 대기업의 마케팅 기획서 부분에 5번의 입상 기록을 가지고 있으며 오늘도 새로운 공모전에 도전하고 있다.

온라인은 편리성도 있지만 명확한 의사전달이 어렵고 깊이 있는 대화를 하기 어렵다는 단점으로 **오프라인의 만남도 병행해 서로의 의견을 명확히 이해하고, 공모전에 대한 방향을 설정하는 등 구체적인 아이디어를 전개시키는 것이 필요하다.**

스케줄표를 만들어라

소니코리아 디자인부분 수상자인 Y씨는 시간분배의 중요성을 강조했다. 스케줄을 정하고 그에 맞는 진행을 해나가야 나중에 시간이 촉박해지는 일이 없기 때문이다. 팀원들 간의 휴식도 그 스케줄에 따르도록 하고 있다.

가끔 공모전을 준비하면서 마감시간과 준비사항 등을 확인하지 못해 결국은 포기하는 경우가 더러 있다. 이는 여러가지 이유가 있겠지만 체계적이지 못한 준비에서 오는 경우가 많다. 이를 방지하고 **전략적인 공모전 준비를 위해서는 잘 짜인 스케줄표가 꼭 필요하다. 이러한 스케줄 표에는 공모전에 관한 전반적인 계획이 꼼꼼하게 기록되어야 하며 팀원 모두에게 분배하여 서로가 스케줄을 관리하도록 해야 한다.** 이 스케줄 표에는 1주는 어디까지, 2주는 어디까지 진행하는 등의 구체적인 계획을 세우는 것이 좋다. 공모전 스케줄표를 통해서 공모전의 진행사항과 제출기한, 결과 발표 그리고 프리젠테이션 발표일 등을 한 눈으로 볼 수 있어 목표 관리가 용이하고, 팀 회의 날짜를 결정하고 차후 계획을 세울 때 시간을 절약하게 하는 등의 체계를 잡게 해주는 중요한 역할을 한다. 이로 인해 효율적인 시간안배가 가능하여 시간을 낭비하는 일이 줄어 들어 현재 준비하고 있는 공모전에 대해서 만전을 기하게 된다. 이와 같은 이유로 한 장의 스케줄표가 공모전을 준비하는데 큰 힘을 발휘한다.

공모전 일정은 온라인 사이트에서 확인할 수 있으며 회원으로 가입할 시에는 정기 메일링을 통해서 신규 공모전 소식을 받아 볼 수 있다.

Tip

스케줄 샘플

일	월	화	수	목	금	토
			1 주최사 자료 조사 예비 회의 (강남 TOZ – 오후 6시)	2	3	4 1차 자료 조사 완료 – 웹하드 업로드
5 아이디어 회의 (강남TOZ – 오후 6시)	6	7 2차 자료 조사 완료 –웹하드 업로드	8 On–Line 모임 (Nate–on – 오후 9시)	9	10	11 기획서 작성 모임 (강남TOZ –오후 6시)
12	13	14 1차 개인별 PPT작성 완료 –웹하드 업로드	15 On–Line 모임 (Nate–On –오후 9시)	16	17 2차 개인별 PPT작성 완료 –웹하드 업로드	18 기획서 검토 회의 (강남 TOZ –오후 7시)
19 기획서 수정 (강남 TOZ –오후 6시)	20 교수님 최종 점검 요청 및 수정	21 최종 검토 및 기획서 프린트 (대학교 –오후2시)	22 기획서 우편 제출	23	24 주최사 접수 확인 –담당자 전화	25
26 공모전 마감일	27 타 공모전 조사 (~30)	28	29	30 공모전 확정 회의 (강남TOZ –오후 5시)	31	

회의록을 작성하라

기억은 기록을 뛰어넘을 수 없다는 말이 있다. 인간은 망각의 동물이라고 한다. 어디서든 정보를 쉽게 접할 수 있는 오늘날에는 필요한 정보와 문득 떠오르는 아이디어를 기록하는 습관이 필요하다. 기록하는 습관은 아주 사소한 일인 것 같지만, 비즈니스는 물론 우리의 삶을 풍요롭게 해준다. 기록한 자료를 정리하고 보관해 두면 잊어 버렸던 일을 기억해 내거나 나중에 여러 형태로 활용할 수 있다. 사카토 켄지는 기록의 중요성을 그의 책 '메모의 기술'에서 정보가 힘이 되는 21세기에는 머리와 마음을 정리하는 메모가 가장 강력한 무기라고 강조하고 있다.

혼자서 생각할 때보다 다수가 모여 회의할 때 생각지도 못했던 기발한 아이디어가 다양하게 나온다. 하지만 회의록을 기록하지 않으면 회의를 끝난 후에는 기억에 남는게 많지 않다. **회의록은 소중한 아**

이디어를 계속적으로 기록에 남기고 현재 공모전이나 차후 공모전을 준비할 때 다시 확인하면서 그 아이디어를 발전시켜 나갈 수 있게 만든다. 회의가 끝난 후에도 문서화된 자료가 없으면 내용의 정리가 어렵고, 어떤 결과가 도출되었는지 잘 생각이 나지 않는다. 더욱이 각자의 역할이 명확하지 않아 결국은 다시 재회의를 소집해야 할 경우가 생겨 시간을 버리는 일이 발생된다.

• 회의록에 기록되어야 할 사항

회의일시, 장소, 회의 내용, 회의 결론, 다음 회의시까지 각 팀원의 업무, 다음 회의 시간 및 장소

> **Tip**
>
> **│ 회의록 예제**
>
> □ 날 짜 : 2007년 8월 15일(수요일)
> □ 시 간 : PM 01:30~ 03:00
> □ 장 소 : 대학교 경제정보센터
>
> [회의내용]
> 1. 스케줄 변경사항 회의
> 2. 교원그룹 공모전 아이디어 회의
> 3. 기본적인 목차 작성

[세부내용]

- 공모전을 새로운 기획 상품 아이템 & 교원그룹의 교육 사업 활
  성화 방안 동시 진행
- 기존의 영어상품의 문제점을 보완하는 방법과 교원그룹의 교육
  사업 활성화 방안으로 전체적인 틀을 잡음
- 새로운 기획 상품 아이템으로 '영재 육성 프로그램' 으로 잡고
  이를 토대로 새로운 기획서를 계획함
- 새로운 기획 상품 아이템(step by step) –> 단계별 영재 육성 프
  로그램

1. 시장현황

▶현 교원의 교육프로그램의 현황

▶현 타회사의 교육프로그램의 현황(대교)

▶현재 영재교육 현황

2. 문제도출

▶다양성 결여 : 교원과 타회사(대교)와의 교육프로그램 비교분석,
  같은 종류의 학습이 이루어지고 있음을 보여줌

▶기존 영재교육 시장의 문제점 파악

→결론 : 새로운 시장의 개척이 필요함

3. 해결방안

▶제 품

- 단계별 영재육성 프로그램+경시대회+인터넷(체계적인 관리프로그램)

▶가 격 : 다른 교육과 차별화되도록 고가 정책

▶유 통

- 교육 기관과의 제휴+구매 주부 소개 인센티브 제공
  (입소문 효과와 비용절감 효과)

▶광 고

- 입소문 마케팅
  ex)딤채 사례를 통해 새로운 개척시장임을 강조

※ NEXT MEETING

□각자 자료조사 후 ppt 작업을 위해 20일 저녁 8시에 온라인으로 만나기로 함

직접적인 정보를 얻어라

현재 인터넷의 발달로 통계자료를 여러 곳을 통해서 얻을 수 있다. 하지만 사람들의 기호나 선호도, 그리고 의견 등은 온라인만으로는 어느 정도 한계가 있기 때문에 이러한 정보를 직접 만들어야 할 경우가 있다. **통계 자료 등을 이용하는 적극적인 조사 방법은 시간이 소요되지만, 기획서 작성을 위해 원하는 맞춤 자료를 개발할 수 있고, 일반적인 공개 자료보다 더욱 구체적인 자료를 확보할 수 있으며 기획서의 전략을 보강할 수 있다.** 또한 내용의 객관성을 증대시키고 현재 주최사에 대한 이미지나 제품의 문제점등을 파악할 수 있는 좋은 참고사항이 된다. 즉, 이렇게 얻어진 조사의 결과를 토대로 문제점을 발굴하고 개선할 아이디어를 나열하면 보다 설득력이 있는 기획서가 작성된다.

직접적인 정보조사는 기획서의 방향을 다시 한번 생각하게 하고 팀원들만의 생각이 아닌 다수가 함께 공유할 수 있는 좋은 기획서를 만들 수 있는 기초를 제공한다. 이제는 직접적인 정보를 조사하는 방법이 공모전 작품의 필수 항목으로 자리잡고 있으며, 이러한 정보를 얻기 위해 많은 노력들을 하고 있다.

다양한 조사방법론이 있지만 대학생들이 접근하기 쉬운 대표적인 방법이 설문 조사와 집단심층 면접 방법이다.

설문조사 방법

설문조사는 정형화된 설문 방식을 이용하여 응답자들로부터 정보를 체계적으로 수집하는 조사 방식으로 통상 대인 면접 설문 소사, 전화조사, 우편조사와 같이 세가지로 구분되나, **대학생들은 통상 설문지를 직접 분배하여 조사하는 대인 면접 설문 조사 방법을 많이 사용하고 있다.**

집단 심층면접 방법(FGI)

집단심층면접은 비슷한 특성을 지닌 5~10명의 조사대상자를 한 장소에 모아 놓고 사회자에 의한 좌담 형식으로 조사 대상자들의 의견을 듣는 조사 방법을 말한다. 여기서 비슷한 특성을 지닌 조사 대상자는 연령, 성, 직업, 학력 등 유사한 특성을 지닌 집단을 말한다. 이 조사는 반나절 정도의 시간만 있으면 가능한 작업으로 이것을 이용하여 데이터로 작성한다.

이러한 집단 심층면접 방법은 소비자의 깊이있는 의견 정보를 구할 수 있으며 실제 소비자 행동을 파악할 수 있고, 신속한 조사가 이루어진다는 점에서 자주 사용되기는 하나, 조사 자료 표본의 양이 적기 때문에 일반화하기는 무리가 있고 사회자의 능력에 따라 조사 성과가 달라질 수 있다.

인터뷰에 대한 여러 경험이 없는 대학생으로서 인터뷰을 진행하는데 많은 부담을 가질 수 있는데, 청취, 개방형 질문, 반응적 질문 등을 사용하면 심도 깊은 인터뷰를 수행하게 되어 예상 밖의 유용한 새로운 정보를 발견할 수 있다.

청취 기법은 인터뷰 대상자의 이야기를 귀담아 들음으로써 유용한 정보를 얻을 수 있으며 아래와 같은 요령이 있다.
- 인터뷰 대상자가 많은 이야기를 할 수 있도록 용기를 북돋는다.
- 질문에 대한 대답이 끝날 때까지 다음 질문에 들어가지 않고 기다린다.
- 말하는 것뿐만 아니라 인터뷰 대상자의 감정 및 태도도 잘 관찰한다.
- 인터뷰 대상자가 주제와 완전히 다른 방향으로 나가지 않는 한 말을 끊지 않는다.

질문은 폭넓은 주제에 대해 토론하거나 포괄적인 설명이 가능하도록 가급적 개방형 질문 위주로 한다.
- 질문 시에는 명확하고 직접적인 언어를 사용한다.

- 친밀감과 조심스러움을 갖고 어떻게, 무엇을, 언제 등을 질문한다.
- 주제를 바꿀때 새로운 화제의 질문을 주로 사용한다.

인터뷰 대상자가 이야기한 내용 중에서 애매한 내용을 명확하게 하기 위해 반응적 질문을 사용한다.
- 매우 높다, 매우 낮다, 정말 싫어한다 등 극단적이거나 과장된 표현을 귀담아 듣는다.
- 이러한 답변에 대해서는 원인을 지속적으로 질문한다.
- 문제 해결을 위해 이슈를 끝까지 탐구하되 인터뷰 대상자를 지나치게 흥분시키지 않도록 주의한다.

현대자동차마케팅 리그 입상작인 '국내시장에서 자동차 고급 브랜드의 필요성 검토 및 진출 전략'을 주제로 한 기획서에서는 현대자동차가 새로운 수익 구조를 창출하기 위해 신시장(New Market)으로의 진출이 필요하기 때문에 보다 적극적인 해외 시장 공략을 위해 브랜드 이미지 제고의 노력이 필요함을 강조했다. 현재의 제품이 고급스럽지만 젊고 세련된 이미지가 부족하기 때문에 새로운 전략으로 접근할 필요가 있어 실제 고급 브랜드 자동차를 사용하고 있는 사용자를 대상으로 직접적인 조사를 하였다.

FGI를 실시할 목적으로 고급 브랜드 소유자의 Mind Set에 있는 브랜드를 추출하고 고급 브랜드 속성을 도출하여 고급자동차가 가지는 특성 및 이미지와의 관련성을 조사하였다. 이를 위해 약 1시간 30분에 걸쳐 FGI를 실시하였고, 조사 대상자는 고급 브랜드 차를 보유한 30~50대 남성 3명과 여성 2명으로 진행했다.

이와 더불어 내용의 객관성을 높이기 위해 자체 설문조사도 진행했는데, 설문조사 기간은 약 3주간 온 · 오프라인을 병행하여 진행했다. 온라인을 통해 고급브랜드 자동차 동호회에서 총 210명에게 진행했으며, 오프라인으로 50명을 대상으로 고급 브랜드 자동차 이미지, 국산 대형차에 대한 이미지, 고급 브랜드 차 속성에 대한 중요도 및 만족도, 구매 성향, 인구통계적 변수 및 보유 차량에 대한 조사를 실시했다.

이러한 조사 방법을 통해 고급 브랜드 소비자들의 특성에 적합한 시장 세분화 기준을 도출하여 새로운 틈새 시장을 발견하였고, 고급 브랜드를 선호하는 소비자들의 이성 및 감성적 욕구를 발견할 수 있어 이를 토대로 마케팅 전략을 구축할 수 있었다.

설문조사 사례

본 조사는 삼성전자 마케팅 공모전 기획서 작성을 위해 여러분의 의견을 수렴하고자 실시하고 있습니다. 답변해 주신 내용은 통계처리를 위해서만 사용되며, 그 이외의 목적으로는 사용되지 않음을 약속드립니다. 바쁘시더라도 잠시 시간을 내어 설문에 응해주시면 감사하겠습니다.

●MP3 보유여부

1. 귀하께서는 현재 MP3 를 보유하고 계십니까?
　① 예->2 번으로　② 아니오->3 번으로

2. 현재 보유하고 계시는 MP3 는 무엇 입니까?
　① i-Pod(애플)　② 아이리버(레인콤)　③ 아이오디오(거원)
　④yepp(삼성)　　⑤ 기타(　　　　)

3. 귀하께서는 향후 MP3 를 구입 또는 바꾸실 기회가 있다면 어떤
　제품을 구매하기를 원하십니까?
　① i-Pod(애플)　②아이리버(레인콤)　③아이오디오(거원)
　④yepp(삼성)　⑤ 기타(　　　)

4. MP3 를 구입 또는 바꾸실 경우 어떤 점을 가장 주의깊게 고려
　하시겠습니까?
　① 디자인　②브랜드　③기능　④음질　⑤가격　⑥용량
　⑦서비스　⑧기타(　)

●MP3 브랜드인지도

1. 귀하께서는 MP3 하면 가장 먼저 떠오르는 브랜드는 무엇입니까?
　① i-Pod(애플)　② 아이리버(레인콤)　③ 아이오디오(거원)
　④yepp(삼성)　⑤ 기타(　　　　)

2. MP3 광고하면 가장 먼저 떠오르는 광고는 무엇입니까? (　　　)

3-1. 귀하께서는 삼성전자 광고를 보신 적이 있으십니까?
　① 있다 (3-2 로 가세요)　② 없다 (3-3 으로 가세요)

3-2. 귀하께서는 그 광고를 어디에서 보거나 들으셨습니까?
　　①TV　②신문　③잡지　④라디오　⑤인터넷
　　⑥기타(　　　　　　)

3-3. 귀하께서는 광고가 기업의 브랜드를 인지하는데 효과적이라
　　고 생각하십니까?
　　①매우 효과적이다　②효과적이다　③보통이다
　　④전혀 효과적이지않다.

●MP3 제품 속성 관련 질문

1. MP3 에서 중요하게 생각되는 속성을 우선 순위대로 2 가지만
　기입해주십시오.
①디자인　②브랜드　③기능　④음질　⑤가격　⑥용량
⑦서비스　⑧휴대성

2. 다음 MP3 의 속성들의 중요도에 대해서 평가해 주십시오
　<휴대성>
　a.크기
　① 중요하지않다　② 보통이다　③ 중요하다　④ 매우 중요하다
　b.무게
　① 중요하지않다　② 보통이다　③ 중요하다　④ 매우 중요하다

<기능>
　c.보이스 레코딩
　①중요하지 않다　②보통이다　③중요하다　④매우 중요하다
　d. 어학기능
　①중요하지 않다　②보통이다　③중요하다　④매우 중요하다
　e. 네비게이션
　①중요하지 않다　②보통이다　③중요하다　④매우 중요하다

<서비스>

f. 음악다운로드

①중요하지 않다 ②보통이다 ③중요하다 ④매우 중요하다

g. A/S

①중요하지 않다 ②보통이다 ③중요하다 ④매우 중요하다

h. 업데이트

①중요하지 않다 ②보통이다 ③중요하다 ④매우 중요하다

i. 구입의편리성

①중요하지 않다 ②보통이다 ③중요하다 ④매우 중요하다

<가격>

j. 가격

①중요하지 않다 ②보통이다 ③중요하다 ④매우 중요하다

<브랜드>

k. 브랜드이미지

①중요하지 않다 ②보통이다 ③중요하다 ④매우 중요하다

<디자인>

l. 제품외관

①중요하지 않다 ②보통이다 ③중요하다 ④매우 중요하다

m.모델의 다양성

①중요하지 않다 ②보통이다 ③중요하다 ④매우 중요하다

n.깔끔한 마무리

①중요하지 않다 ②보통이다 ③중요하다 ④매우 중요하다

설문조사에 응해주셔서 감사합니다.

정돈된 디자인과 깔끔한 양식을 사용하라

보기 좋은 떡이 더 먹기 좋듯이 깔끔하고 정돈된 기획서가 더 나은 점수를 받는다. 기획서를 작성하는 가운데 기획서의 내용은 기본적으로 잘 작성되어져야 하며, 이와 더불어 깔끔한 이미지와 레이아웃으로 평가자의 마음을 끌어당겨야 한다. **공모전은 보통 프리젠테이션 발표평가를 포함한 것이 대부분이기 때문에 이를 대비해 좋은 이미지와 멀티미디어 자료를 구해 기획서를 작성하는 것이 좋다.** 사람들은 보통 시각정보와 청각정보를 가장 잘 받아들인다. 잘 작성된 기획서는 프리젠테이션을 진행하면서 청중의 시각과 청각을 적절하게 자극하며, 공모전 심사관의 기억 속에서 오랫동안 남을 수 있다.

보통 출품작을 파워포인트 프로그램을 이용해서 많이 작성한다.

이는 작성과 제출이 용이할 뿐만 아니라 실제 프리젠테이션 발표시에도 편리하기 때문이다. 이부분에 대학생들이 많이 실수하는 것은 학교에서 사용하는 서술형 문장으로 작성을 하는 경향이 있는데, 주최사 심사위원은 단시간에 많은 출품작을 검토하기 때문에 그 많은 글을 읽을 시간이 없다. 검토하는 시간은 단 몇분 아니 1분도 되지 않을 수 있다. **출품되는 기획서는 반드시 도표나 그래프를 이용해서 간략하고 알기 쉽게 작성이 되어져야 한다.**

　제목이나 강조하고 싶은 부분에 간단하게 색깔를 입히거나 일러스트를 삽입할 수 있다. 템플릿을 사용하면 전체 프리젠테이션 디자인에 통일감을 준다. 이때 주의할 점은 너무 많은 색상을 사용하면 눈이 쉽게 피로해지고, 무엇을 강조하고 싶은지 알 수 없게 되기 때문에 오히려 역효과를 가져온다. 이곳에 사용되는 파워포인트의 디자인은 정돈되고 깔끔한 양식을 이용할 것을 다시금 강조한다.

기존 수상작을 연구하라

많은 기업들이 어떤 형태로든 경쟁력 확보를 위한 방법으로 활용하고 있는 것이 벤치마킹이다. 다른 기업의 우수한 사례를 본받아 창조의 과정을 거치면서 경쟁력을 가지는 방법이 공모전에서도 필요하다. 사실 어느 정도 수준으로 작품을 만들어야 하는지 비교 대상이 없으면 막막한 경우가 많을 것이다.

그 기준이 될 수 있는 것이 바로 기존 공모전 수상작이며, 그 수상작을 기준으로 더 나은 작품이 이번에는 수상을 받을 것이다. 경쟁이 많아지고 대학생 수준이 올라가면서 심사위원의 기대치도 그만큼 높아졌다. 많은 회사들이 홈페이지를 통해 지난 공모전 수상작들을 공지하고 있다. **기존에 어떤 작품이 수상을 받았는지, 내용은 어떤지, 디자인과 내용 전개과정은 어떤지 등 시작 전에 충분히 수상작들을 연구하고 이보다 나은 작품을 만들기 위해 노력해라.**

수상작을 공모하는 주최사도 있지만, 의외로 공모전 수상작을 공지하지 않는 곳들도 많이 있다. 그 이유는 대학생들에게서 얻은 창의적인 아이디어를 지키고 ,이를 사업화하기 위한 목적이 가장 크다. 하나의 큰 전략으로 사용할 수 있기 때문에 경쟁사나 다른 회사에 이러한 아이디어를 노출시킬 필요는 없는 것이다. 또 다른 이유는 아무리 공정하게 심사한다 해도 보는 사람의 관점에 따라 그 평가가 달라지기 때문이다. 수상을 받지 못했지만, 오히려 수상작보다 낫다고 평가를 할 수 있고, 상위 수상작품보다 더 실용적이라고 생각되어질 수 있기 때문에 불만의 소지가 있다. 이러한 문제를 미연에 방지하고 심사위원과 심사결과의 부담감을 줄이기 위해 수상작을 공지하지 않고 있다.

Tip

▌수상작을 공지하는 대표적인 사이트

* 현대자동차 대학생 마케팅 포럼
 (http://www.marketing-forum.co.kr)
* KT&G 상상마당 대학생 마케팅 리그
(http://www.sangsangmadang.com/marketing)
* 전국 대학생 비즈니스 프레젠테이션 경진대회
(http://voice.knu.ac.kr)
* 소니 Digital Dreamers 클럽
(http://www.dreamersclub.com/inc/_main.php)

* 교원그룹 대학생 교육생활문화 공모전
(http://www.kreative.co.kr)
* 삼성생명 디지털파인아트대회 (http://samsungfa.com)
* 대한민국 산업디자인 전람회 (http://www.designdb.com)
* 커뮤니케이션디자인협회 공모전 (http://www.cdak.or.kr)
* 현대로템 대학생 철도차량 디자인 공모전
(http://www.rotem.co.kr/cyber/kongmo)
* 인천국제디자인페어 (www.indef.org)
* 대한민국캐릭터 공모전
 (http://www.kocda.org/10-contest/10-1.php)
* 한국전력공사 대학생 광고공모전
(http://cyber.kepco.co.kr/kepco/kepco_univ_ads/index.jsp)
* 금호아시아나 광고 공모전
(http://www.kumhodesigncontest.com)
* LG애드 대학생 광고 대상
(http://www.lgad.co.kr/study/main.asp)
* 제일기획 광고 공모전
(http://adaward.cheil.co.kr/ad_award_29/index.htm)
* 리바트 디자인 공모전 (http://www.livartist.com)
* 린나이 대학생 광고 공모전
(http://creativechallenger.co.kr/sub/info.asp)
* 한국공항공사 공모전
(http://www.airport.co.kr/kor/contest2007/main/index.jsp)
* 대학생 영상 공모전 (http://contest.ytn.ggitv.net)

기본적인 마케팅을 이해하자

공모전 기획서를 작성할 때 아이디어는 있지만, 어떤 구성으로 아이디어를 배열하고 문서를 작성해야 하는지 많은 고민을 할 것이다. 이러한 고민을 해결해 줄 수 있는 방법이 마케팅 툴을 사용하는 것이다. 기본적인 마케팅 툴의 사용은 상황을 논리적으로 판단하게 하고 해결방안을 어렵지 않게 작성하게 만든다.

그 대표적인 마케팅 툴에는 3C 분석, SWOT, STP, 4P분석 등이 있다. 3C를 통해 소비자, 주최사, 경쟁사를 비교 분석하고, SWOT환경 분석을 통해 기업의 강점(Strength)과 약점(Weakness), 기회(Opportunity)와 위협(Threat) 요인을 찾아낼 수 있다. STP를 이용해 현재의 타겟과 포지셔닝을 정리하고 새로운 타겟과 리포지셔닝을 제안할 수 있다. 결국 4P를 이용하여 세부 실행계획을 작성하고 결론에

도달할 수 있다. 큰 틀로 놓고 보면 이러한 구성이 가능하지만 이것이 명확한 정답은 아니다. 기획서는 보고 받고 평가하는 사람이 가장 쉽게 이해하도록 작성된 것이 최상의 기획서이다.

이러한 기본적인 마케팅 이론은 기획서를 작성할 때 큰 가이드라인을 제시할 뿐 아니라 아이디어를 더 발전시킬 수 있는 기본이 된다. 공모전 응시자들이 알아야 하는 기본적인 마케팅 이론 및 사례는 다음 장에서 다시 논하도록 하자.

끈질긴 도전이 수상작을 만든다

내가 접근했던 많은 투자가들은 미친 아이디어를 팔고 다닌다며 나를 비난했다. "그 생각이 실현되리라고 생각하십니까? 미국사람들은 절대로 1달러 50센트를 내고 커피를 사지 않을 겁니다!" "당신은 정신이 나간 겁니다. 이 계획은 무모해요. 차라리 새 직장이나 구해 보시죠."

그해 자금유치를 하러 다니면서 242명의 사람들에게 투자를 권유했는데 217명이 "No"라는 대답을 했다.

– 스타벅스 커피 한잔에 담긴 성공신화 에서–

실제로 공모전에 나가봤던 경험이 있는 이라면 알겠지만, 낙선시에 느껴지는 패배감은 상상을 초월한다. 제출을 하고도 하루에도 몇 번씩 주최사 사이트에 들어가 당선자가 발표되었는지 확인하는 일이 무수히 많다. 짧게는 몇 주, 길게는 몇 달을 준비해서 완성된 작품이 서류심사에도 통과하지 못한다면 그 낙심은 어떻겠는가?

도대체 무엇이 잘못되었는지, 다른 수상작은 얼마나 잘 되었는지 등 무수한 생각이 드는 것이 당연하지만 그럴 필요가 전혀 없다. 결국 아이디어가 수상작들에 비해 좋지 않거나 그 아이디어를 표현한 실력이 그다지 훌륭하지 않기 때문이다. 아이디어가 좋더라도 그 아이디어를 어떻게 표현하고 다른 사람들이 쉽게 이해하게 만드는 것이 중요하다. 입상자가 갑자기 상을 수상하는 것이 아니라, 그 상을 수상하기 위해서 그전에 엄청난 노력과 정성을 쏟았다는 것을 명심해야 한다.

장기적으로 본다면 초기에 낙선하여 다른 사람들에게 조금 뒤에 있다고 실망할 필요는 없다. 공모전의 기획서 쓰는 방법이나 조사능력, 프리젠테이션 능력을 키우고 창의적인 아이디어가 첨가된다면 다음 기회에 더 좋은 결과를 얻을 수 있기 때문이다.

수상작이 공지되었을 때는 그 수상작들을 확인하여 기획서 구성 및 아이디어, 내용, 프리젠테이션 작성법 등의 장점을 벤치마킹해서 다음 공모전에 대비해야 한다. 반성을 하되 좌절은 하지 말자. 누가 시켜서 한 일이 아닌 본인이 선택한 도전이다. 공모전을 준비하는 당신은 이미 다른 대학생보다 한걸음 앞서 나가고 있으며, 준비과정에서 기획서 작성요령, 자료수집능력, 프리젠테이션 작성, 발표력 등이 월등히 쌓여 갈 것이다. 이러한 과정을 겪으면서 자신도 모르게 한층

발전해 있는 모습을 볼 것이다.

최고의 당선 기준

　공모전 포탈사이트 '씽굿' 이 최근 진행됐거나 현재 진행되고 있는 40개 공모전의 기획담당자가 밝힌 심사채점 키포인트를 조사한 결과, 최고의 당선기준은 바로 '창의적인 아이디어' 인 것으로 나타났다.

　"당락을 결정짓는 심사방침이 무엇이냐?"는 질문에 40개 공모전 중 85%(34개)가 '창의력(참신한 아이디어, 독창성)' 을 주요 심사기준으로 꼽고 있었다. 이를 나타내는 키워드는 조금씩 다르기도 했다. 창의성, 참신성, 참신한 아이디어, 대학생다운 아이디어 등으로 표현됐지만 결국 창의성으로 통한다.

　결국 **각종 공모전의 작품을 심사할 때 핵심키워드의 중요도는 85%[창의성], 45%[실용성], 25%[논리성]이라고 볼 수 있다.**

성공을 위한 생각의 법칙

당신은 주로 무슨 생각을 하며 사는가?

술 생각하는 자 알코올 중독자가 되고

노름 생각하는 자 패가 망신당하고

걱정하는 자 걱정하며 살게 되고

불평하는 자 불평분자가 되고

건강한 삶을 생각하는 자 건강하게 살고

행복을 생각하는 자 행복해지고

성공을 생각하는 자 성공한다.

생각은 미래의 씨앗,

그 사람의 생각이 그 사람의 인생이다.

자, 당신은 어떤 인생을 살고 있는가?

Chapter 3

공모전 진행 프로세스

- 처음 시작이 중요하다. 나에게 맞는 공모전 선택
- 양·질의 정보 조사에 충실하라
- 창의력이 생명이다. 나만의 아이디어를 발굴하라
- 지리를 모르면 지도를 펴고, 순서를 모르면 목차를 구성하라
- 이제부터 본격적인 시작이다. 세부 기획서 작성하기
- 강한 힘은 어떻게 무장하는가에 달려있다. 기획서 전용 무기

나에게 맞는 공모전 선택

공모전 사이트에서 공지되는 공모전은 무수히 많다. 이중 어떤 것을 선택하느냐에 따라 전체적인 준비방향이 결정되기 때문에 공모전의 선택이 매우 중요하다. 선택한 주제가 어렵거나 자료가 많지 않는 등의 이유로 도중에 다른 공모전으로 바꾼다면 노력과 시간이 많이 소모되기 때문에 처음 준비단계에 알맞은 주제를 선정하는 것이 좋다.

공모전을 선택할 때는 일단 어느 정도 전공이나 관심사에 맞는 주제를 결정하는 것이 좋다. 사전에 주최사나 공모전 주제에 맞는 자료들을 가지고 있다면 준비하는 시간도 단축시킬 수 있고 아이디어도 어렵지 않게 얻을 수 있을 것이다. 선택할 시 공모전 요강을 주의 깊게 살펴보면서 다양한 주제에서 본인들에게 맞는 것을 찾아야 한다.

공모전 요강을 확인하는 것은 공모전 준비의 첫 단추이다. 이 단추가 잘못되면 마지막 단추는 끼울 수 없게 된다는 것을 명심하자. 아무리 잘 만들어진 기획서라도 주제에 벗어나면 노력과 시간의 투자만 있을 뿐 입상과는 거리가 멀기 때문이다.

만약 주제와 준비하고 있는 내용에 의문점이 발견되면 바로 주최사 담당자에게 유선이나 메일로 연락을 취해 확인해라. 주최사의 담당자는 그러한 의문점을 해결해줘야 하는 의무가 있다. 당연히 주제에 포함된다고 생각되었던 내용이 나중에 공모전 범위에 해당하지 않아 문제로 돌아올 수 있다면 그 시간과 노력은 누가 보상을 해 줄 것인가? 대학생들이여! 전화하고 문의하는데 궁색하지 마라.

최근에는 인터넷의 보급으로 정보수집이 더욱 편리해졌다. 이와 더불어 필요한 자료가 있으면 담당 관공서나 기업, 협회에 연락을 취해서 알아보자. 당당히 공모전에 도전하고 있다는 사실을 알리고 접근을 하라. 이러한 것이 가장 빨리 정보를 얻을 수 있는 수단이 되며 스스로에게도 지속적인 암시가 되어 공모전에 임하는 자세를 다시금 가다듬게 된다.

양·질의 정보 조사에 충실하라

공모전에 활용되는 정보는 크게 3가지로 구분된다.

- 시장이나 상품현황를 분석하기 위한 정보로서 관공서나 각종 관련 기관에서 발행하는 정기 간행물, 신문, 잡지, 서적, 논문 등이 있다.
- 기획내용의 기본이 되면서 또 이를 보강하는 정보로 자체 조사자료, 현지답사, 인터뷰 등이 있다.
- 실제 실행을 위해 필요한 정보로서 광고관련 요금, 규제사항 그리고 견적서, 실시 조건 등과 같이 현업에서 필요한 관련 자료들이다.

실행 가능성이 없는 기획은 의미가 없기 때문에 매력적인 제안을 하기 위해서는 충분한 시장조사 후에 건실한 실행 계획이 뒷받침되어

야 한다.

처음 정보 분석를 잘하면 여러 가지 아이디어를 얻을 수 있다. 팀장은 정보조사 시에 각 팀원에게 임무를 부여하여 각각의 자료를 수집하게 하고 모아진 이 자료를 토대로 아이디어 회의를 진행시켜라. 통상 수집하는 정보의 범위는 주최사의 연혁, 비전, 사업내용, 최근 관심분야 그리고 언론 자료 등이며 세부 마케팅 자료로는 경쟁사 분석, 사업전략, 주력상품, 시장점유율, 유통구조, 광고형태, 가격구조 등이다.

정보조사 전에 좋은 아이디어가 있으면 그에 맞는 자료 조사를 추가한다. 이러한 철저한 사전 정보조사는 차후 다시 정보를 조사하게 되는 시간을 줄일 수 있고, 다양한 참신한 아이디어를 도출할 수 있게 하는 밑거름이 된다. 가능하다면 주최사의 기존 공모전 수상작을 조사하여 분석을 하도록 한다. 이미 수상이 되어 버린 내용을 발견하지 못하고 진행한다면 성공의 확률이 더 작아질 것이다.

이러한 정보 자료들은 기획내용을 보강하고 설득력을 줄 수 있는 매우 중요한 것이다. 자동차의 '뉴모델 제안'을 기획할 경우, 현재 자동차의 모델에 대한 상세 정보, 구매 당사자 정보, 경쟁사 모델 정보 등이 없다면 컨셉을 잡을 수 없고 세부 실행계획 또한 성립되지 않는다. 이렇게 정보분석이 소홀하거나 정보를 잘못 분석하면 기획서는 설득력을 잃게 된다.

'기획의 실행을 검증하는 정보'와 '기획에 설득력을 부여하는 정보’, 이 두가지의 정보를 신속하고 정확하게 수집하는 것이 중요하다.

기획서는 많은 글로 설득하는 것보다 숫자로 표시된 결과가 설득하기 훨씬 쉽다. 따라서 이러한 자료도 숫자나 도표로 작성되어 있는 자료 위주로 조사하는 것이 좋다.

제1회 햇반 마케팅 공모전에서 대상을 차지한 P씨는 햇반이 전통적으로 타깃 층으로 생각하고 있던 청년층의 한계를 뛰어넘어 노년층을 겨냥해 New Silver 층을 공략했다. 햇반의 주 타깃 층은 20대 중반에서 30대 중·후반의 개인 중심적인 라이프스타일을 가지고 있으면서 편리함을 선호하는 층이지만, 이 타깃 층은 여러 업체의 출현으로 과다경쟁을 펼쳐 추가 이익을 창출하기는 어려울 것이라는 결론을 내리고 새로운 타깃 층, 즉 New Silver를 타깃으로 삼아 햇반을 알리고 판매하면 더 큰 이익을 창출할 수 있다는 마케팅 전략을 제시하기 위해 P씨는 인터넷과 신문을 이용하여 객관적인 정보를 최대한 구했으며, 노인과 관련된 통계청의 인구 조사와 경제 활동량, 노인과 햇반이 관련된 신문 기사들을 일일이 찾아내 조합했다.

이를 통해 100대 1 가까운 1차 경쟁을 통과하고 최종 7팀이 프레젠테이션 경쟁을 펼친 후 당당히 대상을 차지했다.

┃정보조사에 도움이 되는 사이트

[연구기관사이트]

삼성경제연구소: www.seriecon.seri.org

LG경제연구원: www.lgeri.com

한국개발연구원: www.kdi.re.kr

대외경제정책연구원: www.kiep.go.kr

산업연구원청: www.kiet.re.kr

과학기술정책연구원: www.stepi.re.kr

국가경영전략연구원: www.nsi.or.kr

대신경제연구소: www.deri.co.kr

대우경제연구소: www.dweri.re.kr

서울대학교경제연구소: dasan.snu.ac.kr/~ecores

신한종합연구소: www.sri.re.kr

포스코경영연구소: www.posri.re.kr

하나경제연구소회: www.hanari.re.kr

한국경제연구원: wwww.keri.org

경제사회정책e-아카데미: www.kespa.or.kr

한국과학기술정보연구원: www.kisti.re.kr

한국교육개발원: www.kedi.re.kr

한국금융연구원: www.kif.re.kr

한국조세연구원: www.kipf.re.kr

한국직업능력개발원: www.krivet.re.kr

한국행정연구원: www.kipa.re.kr

현대경제연구원: www.hri.re.kr

[광고 사이트]

제일기획: www.cheil.co.kr

엘지애드: www.lgad.co.kr

금강기획: www.diamond.co.kr

대홍기획: www.daehong.com

한국방송광고공사: www.kobaco.co.kr

오리콤: www.oricom.com

코래드: www.korad.co.kr

광고정보센터: www.adic.co.kr

이벤트넷: www.eventnet.co.kr

[기타 참고사이트]

TVCF: www.tvcf.co.kr

아이비즈넷닷컴: www.i-biznet.com

지디넷: www.zdnet.co.kr

MBR 경영실무리뷰: www.mbr.co.kr

브랜드 메이저: www.namenet.co.kr

코리아인터넷닷컴: www.korea.internet.com

공영DB마케팅: www.dbminfo.co.kr

파이낸셜뉴스: www.fnnews.com

경제경영 서적 요약 서비스: www.summary.co.kr

브랜드웹진: www.brandreport.co.kr

코리아 인터넷 마케팅 센터: www.webpro.co.kr

나만의 아이디어를 발굴하라

대학생 비즈니스 프리젠테이션 대회 입상작인 세종대 R 팀은 국내 맥주시장의 확대와 커피나 차의 테이크아웃 전문점의 성공사례를 바탕으로 기존의 패러다임을 과감히 파괴한 맥주 테이크아웃 전문점 Cooldraft을 기획하였다. 설문조사를 통해 테이크아웃 시장의 가능성을 확인했으며 세부적인 제품 디자인, 제품 가격과 판매처에 대한 전략과 프로모션 방안을 제시해 좋은 성과를 거두었다.

이렇듯 공모전의 핵심은 독창적인 아이디어를 발굴하는 것이다. **다른 경쟁 지원자들보다 창의적이고 현실적이며 실행 후 기대 효과가 큰 아이디어가 환영을 받는다.** 이러한 아이디어는 하루 아침에 떠오르는게 아니며 많은 경험과 창의력을 기르기 위한 꾸준한 노력에 의해서 가능하다. 따라서 이러한 아이디어는 **평상시 사물과 현상에 대**

한 관심이 많고 영화나 공연 등의 엔터테인먼트, 서적 그리고 경험 등
이 많은 사람일수록 다양한 아이디어를 발굴한다.

쪼개어 생각하라

분리하고 나누고 쪼개라. 마케팅용어로 세그멘테이션
(Segmentation)을 해라. 고객을 나누고 시장 세분화 시키고 아이디어
를 떼어내고 해부하라. 이렇게 계속적인 분리가 새로운 타겟과 시장
을 볼 수 있게 해주고 거기에서 신규 시장을 찾아내고 니치마켓을 공
략할 수 있는 아이디어가 생긴다. KTF 및 SKT 등과 같은 이동통신회
사에서도 이 같은 방법으로 각 연령별, 직업별로 고객을 분리하여 그
들에게 알맞은 요금제와 혜택을 주고 있다. 또한 신용카드회사에서
도 연간카드사용금액에 따라 VIP, Gold, Silver 등으로 고객을 분리하
여 그들에 맞는 카드 혜택을 제공하고 있다. 이렇듯 현상과 타겟을 더
작은 조각으로 잘라내거나 해체하면 새로운 시장을 발견할 수 있다.

Tip

|KTF의 서비스 세분화 사례

연령별 세분화

◎ 1318 세대를 겨냥한 [Bigi]
1318 세대(중고등학생), 다른 시장에 비해 이 연령대의 청소년들은
아직 휴대폰 보유 비율이 30%가량을 유지하고 있고, 앞으로 계속 소

비량이 기하급수적으로 증가할 수 있는 잠재력을 가진 수요의 집단으로 음성 메시지와 예쁜 특수문자도 사용하며 문자메시지를 통해 연락하는 것을 선호한다.

◎ 1823 세대를 겨냥한 [Na]

주로 대학생들로 자기만의 독창적인 세계를 만들어 나가길 원하고 우리 사회문화를 주도해 나가기 위한 준비를 하는 시기이다. 각자 이동통신 기기를 가지고 있고 주위 사람들과 문자와 음성 메시지를 주고 받으며 심야 통화가 많은 층이다.

◎ 2535 세대를 겨냥한 [Main]

사회적으로 일과 자기 생활에서 가장 활발한 활동을 보이는 연령층으로 사회활동의 주요(MAIN) 세대이자 통화량이 가장 많은 집단이다. 많은 통화량에 맞는 좀더 낮은 요금의 서비스를 요구한다.

성별 세분화

◎ 여성 고객을 겨냥한 [Drama]

여성을 타겟으로 하는 산업이 활성화되고 여성을 표적시장으로 하는 산업이 속속 등장하는 가운데 여성의 사회적 지위는 지속적으로 향상되어가고 있다. 여성 고객이 소비시장의 주역으로 떠오르고 있어 기업들은 홍보, 판촉에 치열한 경쟁을 벌이고 있다.

결합하여 함께 생각하라

관계를 만들고 연결하고 결합하고 재배치하라. 아이디어의 재료들을 기술, 마케팅 방법, 유통구조, 영업방식, 인력, 제품 등을 결합하여 어떠한 시너지 효과와 결과를 유도하겠는가를 생각하라.

현대의 키워드는 '제휴' 와 '결합' 이다. 즉 이를 통해 더 많은 조합의 아이디어를 만들어 볼 수 있다. 특히 온라인 업체에 대한 기획서를 작성할 때는 전략적 제휴가 빠진 기획서를 찾기 어려울 것이다. 현재 비즈니스는 Win-Win 전략을 목표로 진행하며 업계 선두 기업들은 함께 할 수 있는 비즈니스 사업체를 찾는데 부단한 노력을 하고 있다.

예를 들어 다음(www.daum.net)의 사업영역을 보면 다음의 강점인 Daum 카페, 한메일, 미디어, 검색, 광고 등과 더불어 온라인 항공의 투어익스프레스와의 제휴, 엔터테인먼트 부분의 오이뮤직, JYP엔터테인먼트, 플렉서스, 미디어 2.0과의 제휴, 다이렉트 자동차 보험등과의 제휴를 통해 사업영역을 쉽게 확장시키며 전문 사업자와 정보를 공유하고 매출을 확대 시킬 수 있다.

이런 사업의 확장은 더 많은 가입자를 확보하고 수익성 및 규모의 확장을 가능하게 한다. 이런 결과로 '다음 다이렉트 자동차 보험' 으로 영업 첫해 연간 533억원의 원수보험료와 11만건의 계약을 유치해 업계를 놀라게 한 예가 있다. 이렇듯 온라인 비즈니스에는 기업체의 장점과 타기업의 장점을 결합한 제휴 모델을 찾듯이 다른 일반 기업체 또한 서로의 컨셉과 추구하는 목표가 비슷하여 충분한 시너지 효과를 노릴 수 있는 창의적인 아이디어가 좋은 소재로 작용한다.

순서를 모르면 목차를 구성하라

　이제부터 본격적인 기획서를 쓸 차례이다. 가장 먼저 기획서에 담을 목차를 구성하라. 보통 수상작들은 체계적인 목차로 구성돼 있고 목차만 보더라도 어떠한 내용이 전개될지 알 수 있다. 이렇듯 목차는 기획서를 심사하는 사람에게는 기획서의 내용을 예측할 수 있게 하고, 공모전 참가자에게는 전체 방향을 잡아주는 길잡이가 된다.

　아이디어 및 마케팅 기획서를 작성할 때 초보자들은 막상 시작은 했지만 어디서부터 출발해야 하는지, 어떻게 전개해 나가야 하는지 등 모르는 경우가 많다. 하지만 **초기에 시간이 소요될지라도 목차를 잘 구성해 놓으면 전체 구성이 파악되고 어떤 것을 준비해야 하는지를 알 수 있게 된다.** 기획공모전을 성공하기 위해서는 먼저 전체 기획서에서 다룰 목차를 잘 구성해 보는 것이 가장 좋은 전략이며, 이 목차는 잘 작성되어 있는 기획서의 목차를 참고하면 쉽게 준비할 수 있다.

기획서의 목차는 일단 커다란 밑그림을 그리는 것을 시작으로 세부적인 사항을 끼워 넣는 방식으로 주로 사용된다.

> **Tip**
>
> **| 현대자동차 마케팅 기획서 목차**
>
> Ⅰ. 도입
>
>   A. 시장 배경
>
>   B. 소비자 형태 정의
>
>   C. 현대자동차 사업모델 형태 정의
>
> – 소비자가 진정 원하는 것은 무엇인가?
>
> Ⅱ. Explore – 외산브랜드 판매 전략 예상
>
>   A. 해외브랜드의 한국시장 투자안
>
>   B. 해외브랜드 판매 마케팅 전략
>
> Ⅲ. Strategy 대응 진단
>
>   A. 소비자 의식 조사
>
>   B. 제품 전략
>
>   C. 가격 전략
>
>   D. 유통 전략
>
>   E. 광고 홍보 전략
>
> Ⅳ. Conclude 결론
>
> – Appendix –
>
>   A. 설문양식
>
>   B. 참고서적
>
>   C. 참조 웹사이트

커뮤니케이션 전략 기획서 목차

I. 상황분석
 – 시장 상황
 – 소비자조사 데이터 분석

II. 소비자 조사
 – 시장점유율 분포도 분석
 – 소비자 만족도 조사
 – 브랜드 이미지 진단

III. 소비자 분석
 – 20대 시장 가치 분석
 – 소비자 성향 분석

IV. Case Study
 – 사례분석: SK 텔레콤, KTF

V. IMC 전략
 – TV광고 컨셉과 전략
 – 광고 시안 및 핵심 카피
 – 광고 프로모션

VI. 진행계획 및 예산
 – 세부 진행계획
 – 세부 예산

 대한항공의 마케팅 커뮤니케이션 전략 기획서 목차

I. 상황분석

- 자사분석

- Market 분석

- Consumer 분석

II. 문제분석

- 대한항공의 마케팅 커뮤니케이션 분석

- 아시아나항공의 마케팅 커뮤니케이션 분석

- Brand Image 분석

- 마케팅 커뮤니케이션 과제

III. 문제해결방안

- 대한항공의Brand Image 강화전략

- 새로운 커뮤니케이션 컨셉

IV.실행전략

- IMC전략

- 매체전략

세부 기획서 작성하기

기획서에는 기본틀이 있다. 이러한 기본틀을 사용하면 심사위원에게 쉽게 아이디어를 전달할 수 있고 기획서 작성도 어렵지 않게 진행 할 수 있다. 보통 기획서는 다음의 단계로 구성되다.

1단계는 상황분석단계로 사실(Fact)를 파악하는 단계이다. 즉 시장현황, 점유율, 경쟁자, 소비자 트랜드, 소비자 선호도 등의 전반적인 현황을 객관적으로 철저하게 파악하고 분석하는 단계다. 이러한 자료는 출처를 반드시 남겨야 하고, 되도록 공공기관에서 발행한 자료여야 신뢰성을 준다. 그리고 그래프나 도표 등을 이용하여 한눈에 알아보기 쉽게 도식화되어야 하며 난해하거나 복잡해서는 안 된다.

2단계는 문제점을 파악하는 단계이다. 이 부분이 주제에 접근하게 되는 시발점이 되며 1단계의 상황분석을 기본으로 현재 주최사가 가지고 있는 주요 문제점을 제시한다. 그 예로 시장점유율의 감소 추세, 신상품이나 주력상품의 문제점, 브랜드의 노후화 등을 들 수 있으며 이러한 문제점을 해결함으로 주최사의 이미지나 매출에 영향을 미칠 수 있는 중요한 것이 좋다. 공모전의 역할은 주최사가 수상작을 이용하여 가시적인 효과를 얻는 것이기 때문에 중대한 문제점을 지적하고, 실행 가능하여 문제점을 개선시켜주는 기획서가 많은 점수를 받는 것은 당연한 일이다.

3단계는 기획서의 중요부분이라고 할 수 있는 해결점을 제시하는 방법이다. 이때 반드시 목적과 전략이 있어야 한다. 목적은 매출액 증가, 시장 점유률(Market Share) 증가, 고객 만족도 향상 등 구체적이고 수치화된 목적이 좋다. 그리고 2단계에 도출한 문제점의 해결방안을 논리적으로 작성하는 기술이 필요한데 이는 마케팅 전략과 마케팅 툴(Marketing Tool)을 이용하여 어렵지 않게 작성할 수 있다. 시장을 어떻게 세분화 할 것인가? 어떤 시장을 공략할 것인가? 기존시장과 다른 어떠한 포지셔닝을 위치할 것인가? 차별화 전략은 무엇인가? 제품, 가격, 유통, 프로모션 전략은 무엇인가? 등을 구체적을 쓸 수 있다.

4단계는 구체적으로 기획의 실행방법과 타임테이블, 비용, 기대효과 등을 예측하는 단계이다. 주최사는 기업이기 때문에 이윤을 추구한다. 구체적인 소요비용과 이에 기대되는 효과를 세부적으로 작성하여 기획서의 완성도를 높일 수 있다. 실행이 가능한 기획이라는 것이 이 부분에서 판별이 되는데 소요비용이 터무니없게 많거나 소요비용 대비 기대효과가 적다고 판단이 되면 그리 좋은 기획서라 할 수 없다.

5단계는 첨부서류 및 기획서를 차별화하는 무언가를 담아라. 기본적으로 기획서를 작성할 때 사용했던 자료의 출처를 적은 참고문헌과 기타 첨부할 서류를 추가한다. 그리고 이 기획서만이 가지고 있는 차별화된 무언가를 추가해라. 예로 공모전 참가자의 동영상 소개라든지, 동영상을 통한 고객 인터뷰를 진행하거나, 멋진 문구를 이용한 기획서 소개 등 대학생다운 참신한 아이디어로 공모전 기획서를 마감하라.

현재 대학생 수준은 많이 높아져 있다. 여러 당선작에서는 실제 제안할 신제품에 대한 샘플을 제작한다든지, 제품 테스트 결과를 첨부하는 등 전문 마케터 수준으로 준비하는 경우도 있다.

이러한 단계를 거치면서 공모전의 기획서가 완성되게 된다.

부산대학교 S팀은 '맥주축제의 정착과 긍정적이미지 형성을 통한 부산맥주축제의 성공적 목표 달성방안'에 대한 기획서를 통해 수상의 영광을 안았다.

세계적인 축제인 독일 뮌헨 '옥토버 페스트', 일본 '삿포로 맥주

축제', 중국의 '청도 맥주 축제'의 사례로 부산맥주축제가 지역경제 및 국내 맥주 산업의 발전에 큰 기여가 되기 때문에 도입이 되었지만 저조한 참여율과 행사진행이 미흡했었다. 이러한 것을 계기로 축제에 명확한 비전을 제시하고 체계적인 마케팅 프로모션으로 대한민국 대표 축제로 만들기 위해 준비된 기획서였다.

내용의 진행은 전형적인 기획서 형식을 갖추었고 마케팅 툴을 이용하여 체계를 잡았기 때문에 누가 보더라도 이해하기 쉽고 깔끔한 내용 전개가 가능했다.

기획서 진행 순서는 상황 분석으로 외부 환경과 내부 환경을 분석 후 SWOT 분석, 비전 및 목표 도출, 마케팅 목표 수립, STP 수립, 마케팅 4Mix(Product, Price, Place, Promotion), 예산 수립, 실행 일정 수립 순으로 체계적인 연결고리 구성을 갖추었다.

특히 기본 공간구성과 구체적인 참관객 참여 프로그램, 세부 이벤트 계획 등 실제 행사기획서 수준의 자료를 준비했으며 기존 행사에서 미흡했던 예산을 반영해 수정된 예산 계획을 수립하였고 구체적인 세부 실행 일정으로 기획서의 설득력을 높였다.

Tip

마케팅 기획서 순서

1. 환경조사
   - 환경조사: 정치, 경제, 사회, 문화, 법률, 기술 등 – 기회/위협
   - 경쟁조사: 경쟁전략, 경쟁제품, 가격 등 – 경쟁우위/차별화

- 소비자조사: 자사 사업과 관련된 인구, 기호 등- 고객만족/구매력

- 자사조사: 자사의 강점, 약점 내부요인 자사역량

2. SWOT분석

- 외부요인: 기회/위협요인

- SWOT분석 매트릭스: 기회활용, 위협대처, 강점활용, 약점보완

3. STP전략

- 시장세분화: 자사 사업범위

- 표적시장 선정: 자사역량

- 포지셔닝: 경쟁우위/차별화

4. 기본전략 및 목표설정

- KSF (성공요인 분석)

- 성장/경쟁/신사업전략

- 목표 설정

5. 마케팅 믹스전략

- 제품/상품/서비스/컨텐츠 전략

  *고객만족지향 제품

  *경쟁우위/차별화 제품

- 가격전략

*가격결정

*가격결정에 영향을 주는 요인

*가격의 탄력적 운영 – 환경/경쟁 요인

– 유통전략

*유통경로 및 설정 – 자사역량

– 프로모션전략

*촉진의 의의 – 효과적인 인지도 제고

*크리에이티브 전략

6. 소요예산

– 예산집계: 자금의 계획적 운영 및 통제

7. 추정손익

– 예상매출, 이익계획

8. 일정관리

– 날짜별 계획수립 및 통제

기획서 전용 무기

기획서에 특별히 강조하고 싶은 전략을 더욱 탄탄히 보완하고 싶을 때 사용하는 것이 기획 전용무기이다. 기획 전용 무기는 활용하기 쉬울 뿐만 아니라 강력한 전략의 보완 기능을 할 수 있기 때문에 주로 사용되고 있다.

기획전용 무기 1: 설문 조사 자료

이 설문조사의 중요성은 이미 설명을 했듯이 특정 컨셉이나 전략을 제시할 때 강력한 전략의 보완 기능으로 작용하여 기획서에 힘을 실어 준다. 이러한 설문 조사 자료가 사전에 관련기관이나 단체에 있을 시에는 그것을 인용하면 되지만 그렇지 못할 경우 부득이 스스로 개발해야 한다.

이때 주의해야 할 점은 **설문조사의 경우 100명을 최소단위로 조사**

해야 설문조사의 신뢰성을 줄 수 있다는 점이다.

기획 전용 무기 2 : 예시와 시뮬레이션

예시는 보통 브랜드 또는 디자인 기획서에서 자주 사용하고 있는데 현재 공모전 작품에서 대부분의 수상작들은 실질적인 제품 디자인, 상표 로고 디자인, 포스터, 매장 설계 등 실제 예시들을 보여줌으로써 기획서의 신뢰도를 향상시키고 있다. 시뮬레이션도 예시와 마찬가지로 향후 판매 추이나 수입예상과 같은 시뮬레이션을 통해 마케팅 전략을 보완할 수 있다.

KT&G 상상마당 입상작인 서울여자대학교의 '비빔밥 프랜차이즈 글로벌 마케팅의 성공을 위한 방안' 을 주제로 한 기획서에서는 제품 용기 디자인, 단계별 광고 시안, 매장 구조 및 도면, 인테리어 방안 그리고 총괄 예산 계획까지 총 70여장의 기획서를 체계적으로 작성하여 입상의 영광을 누릴 수 있었다.

기획 전용 무기 3 : 유사 사례

유사 사례는 검토하는 사람에게 전략채택 시 초래되는 다양한 파급효과에 대한 불안감을 희석시켜주는 역할을 한다. 유사 사례를 통하여 그 전략의 신빙성이 어느 정도 입증되었다는 확신을 심어주는 것이다.

특히 해외사례를 국내에 적용할 시에 해외에서 성공한 모델이기 때문에 국내에 실행할 때에도 성공 확률이 크다는 것을 입증할 수 있다. 이미 해외에서 진행을 하고 있지만 우리나라에서는 아직 도입하고 있지 않는 제도나 마케팅 전략 등의 사례를 첨부하여 기획서에 담으면 좋은 기획서가 될 수 있다.

제일기획 광고 대상 공모전에서 기획서 부분 입상작인 '수타면 이미지 제고를 위한 커뮤니케이션 전략'에서는 소비자들이 가지고 있는 정형성을 깨뜨리기 위해서는 새로운 주장에 대한 근거가 되는 다양한 사례를 제시하는 것이 좋다는 것이 효과적임을 보이기 위해 자일리톨 사례를 이용하였다. "자일리톨 껌은 충치예방에 좋습니다."라는 직접적인 표현보다 "핀란드에서는 자기 전에 자일리톨 껌을 씹습니다."라는 문구로 광고를 진행하는 것이 '건치의 나라 핀란드에서 자일리톨 껌을 씹는 걸 보니 이 껌이 충치 예방 효과가 매우 좋은 것 같다'라고 소비자의 인식이 자연스럽게 바꾸어 놓은 사례를 들어 수타면의 전략을 설명하였다.

동아대학교 L팀은 '한글, 유즈드 인 더 월드'라는 제목으로 서론에서는 Philip Morris, 포스코의 문화마케팅 사례를 비교하여 KT&G가 나아가야 할 방향을 선정했고 차별화된 문화컨텐츠로 '한글'을 설정해 실제 동티모르의 말을 한글로 표기하는 프로젝트를 실사례로 들어 한글의 우수성과 타 민족에게도 사용 가능함을 보여주었다. 이를 통해 타겟 대상을 전 세계의 나라로 확장시켜 세계 6,500여종의 언어가 있으나, 문자가 없는 언어는 3,000여종이나 되는 것을 확인하고 이들 대부분이 소수민족으로 아직까지 문자 없는 국가들임을 알게 되었다. 따라서 동티모르에서 한글을 문자로 사용한 사례로 이런 소수민족에게도 한글을 전파하고 한글의 우수성을 알리는 아이디어를 제시하여 수상자의 명단에 오르게 되었다.

기획서의 특징

공모전 기획서는 특히나 많은 경쟁 속에서 자신의 작품이 심사관들에게 잘 평가를 받아야 하지만 아직 많은 경험을 갖지 못한 경우 오히려 읽기 어려운 기획서가 되어 낙선하는 경우가 많다. 좋은 아이디어도 중요하지만 기획서 작성에도 심혈을 기울여야 한다.

읽기 싫은 기획서는 서술형 글로만 채워져 있다.

리포트 형식의 깨알 같은 글로만 된 기획서를 본 심사위원은 조금 읽다가 덮고 다시는 열지 않을 것이다. 핵심이 되는 부분은 굵은 글씨나 색깔을 달리해서 표현해야 하며 글보다는 도표나 그래프가 더 설득력이 있다. 하루에 수십개의 기획서를 검토하는 심사위원의 눈을 사로잡을 수 있는 기획서는 간략하면서 핵심을 이야기하는 기획서이다.

기획서의 구성이 뒤죽박죽이다.

기획서는 상대방에게 정확한 정보를 주며 팀의 아이디어를 명확히 전달하는 문서이기 때문에 상대방을 자연스럽게 이해가 되도록 유도해야 한다.

그러나 기획이 자연스럽게 이어지지 않고 불쑥불쑥 예상치도 않는 말들이 튀어나오면 상대방은 그 기획서를 읽어도 무슨 말인지 모를 것이다. 처음 기획서를 보는 사람도 쉽게 이해할 수 있도록 기본 목차에 준해서 상대방에게 자연스럽게 전달하는 느낌의 구성으로 진행되어야 하다.

화려한 강조 부호와 애니메이션의 퍼레이드

나름대로 간결하게 쓰겠다고 지나치게 많은 강조 기호와 도형을 쓰면 상대방은 무엇을 말하고 싶은지 모르게 된다. '지나침은 모자람만 못하다' 라는 말처럼 지나치게 강조를 많이 한 기획서는 보기에도 난이하고 실제 강조해야 할 부분이 강조되지 못하는 경우가 많다. 너무 많은 애니메이션 효과도 분위기를 산란한게 하고 내용을 더 어지럽게 만들어 결국 그리 좋은 평가를 받을 수 없게 만든다.

공모전 대표 사이트

성공: www.thinkcontest.com

　　공모전 전문 미디어로 공모전 활성화 시대를 개척해 왔으며, 기업체 및 공공기관에서 가장 선호하는 풍부한 공모전 콘텐츠를 보유한 사이트이다. 논문에서부터 기획, 디자인, 네이밍, 참여 공모전까지 다양한 공모전을 소개하고, 현재의 트랜드와 정보를 제공하는 공모전 뉴스코너와 공모전 전문가가 공모전에 대한 궁금증을 직접 풀어주는 지식발전소 코너를 운영하고 있다. 이와 더불어 기업체의 공모전을 기획, 평가, 시상과 작품 전시까지 원스탑서비스를 진행하고 있으며, 월간 씽굿공모전가이드북을 발행하고 있는 공모전 대표 사이트이다.

Chapter 4

아이디어를 얻는 논리적 사고 방법

• 접근 방식부터 다른 나만에 아이디어 발상법
• 아이디어도 도구를 사용해 체계적으로 정리하라

나만에 아이디어 발상법

KT&G의 역대 대상 수상작중 'Korean Culture Load' 라는 제목으로 기획서를 출품한 서강대학교 W팀은 과거 실크로드를 토대로 부상하는 아시아 신흥시장 5개국을 대상으로 난타, Jump 등의 한국의 문화상품을 수출하는 아이디어로 기획서를 제출하였다. 중앙아시아 전통가옥과 비슷한 형태의 극장을 지어 그들과 친근한 분위기를 연출한다는 아이디어와 창의력이 돋보인 작품이다.

이렇듯 공모전 수상의 가장 큰 요소가 아이디어라고 할 수 있다. 얼마나 창의적이고 현실적인 아이디어인가에서 승패가 결정난다고 해도 과언이 아니다. 하지만 이러한 아이디어가 한순간에 떠오르면 얼마나 좋겠는가? **평소 메모하는 습관이나 사물과 현상에 대해 지속적인 관심을 가지며 생각할 때 더 많은 아이디어를 도출할 수 있다.**

아이디어를 얻는 방법은 주로 세가지 방법을 사용하고 있다.

브레인 스토밍

아이디어를 도출하는 방법에는 여러가지가 있는데 대표적인 것이 브레인스토밍(Brain Storming)이다. 번역을 하면 '두뇌의 폭풍' 이라는 것처럼 한 가지 문제를 집단적으로 토의해 각자의 의견을 자유롭게 말하는 가운데 생각치도 못했던 독창적인 아이디어가 도출되게끔 하는 회의 방법이다. 따라서 이렇한 회의를 준비하기 위해서 갑자기 생각나는 수많은 아이디어를 그때그때 메모해 두었다가 브레인스토밍 회의 시간에 팀원들에게 아이디어를 설명하고 팀원들은 함께 그 아이디어를 키워 나가 결국 좋은 아이템으로 발전시켜 나가는 것이다.

대부분의 수상작들의 아이디어가 기업을 통째로 바꾸거나 사업부를 신설하는 등의 내용이 아닌 현재의 문제점을 발견하고 거기에서 해답을 얻어 새로운 방법을 제시하는 아이디어가 많다.

결국 브레인스토밍 방법은 일정한 테마에 관하여 회의형식을 채택하고, 팀원의 자유발언을 통한 아이디어의 제시를 요구하여 발상을 찾아내려는 방법이다.

브레인스토밍의 원리는 한사람보다 여러 사람들이 제시하는 아이디어가 많고 아이디어 수가 많을수록 질적으로 우수한 아이디어가 나올 가능성이 많다는 것이다. 그리고 일반적으로 아이디어는 비판이 가해지지 않으면 많아진다라는 원칙 등에서 브레인 스토밍의 '사고의 자유로움' 이라는 성격을 알 수 있다. 그러므로 브레인스토밍에서는 어떠한 내용의 발언이라도 그에 대한 비판을 해서는 안되며, 오히려 자유분방하고 엉뚱하기까지 한 의견을 출발점으로 해서 아이디어를 전개시켜 나가도록 하고 있다. 이를테면, 일종의 자유연상법이라고도 할 수 있다.

회의는 일반적으로 팀장이 주도하고 이러한 브레인스토밍을 통해 현재 주최사의 문제점을 자유롭게 토의하거나 발전방향을 이야기하여 찾을 수 있다. 이러한 브레인스토밍 회의시에 로직트리(Logic tree)를 이용하여 정리하면 한 장에 많은 아이디어를 체계적으로 정리할 수 있다.

시간은 대개 1시간에서 2시간까지 진행하며 가능한 많은 아이디어를 제시한다.

체크 리스트법

그 다음은 체크 리스트법을 많이 이용하고 있다. 체크리스트 방법이 좋은 이유는 사전에 어떤 현상이나 계획을 하나하나 체크하는 가운데 아이디어가 떠오른다는 것이다. 장점은 이미 체크할 리스트가 있기 때문에 그 내용에 대해서 집중적으로 생각할 수 있어 시간을 단축 시킬 수 있고 좀 더 체계적으로 진행할 수 있다는 것이다.

보통 다음의 9가지를 체크한다.

〈체크 포인트〉

1. 다른 이용법은 없는가?

2. 응용한 것이 효과가 있는가?

3. 수정할 수 있는가?

4. 확대할 수 있는가?

5. 축소할 수 있는가?

6. 대체한다면 어떤 것을 이용할 수 있는가?

7. 각색할 수 없는가?

8. 반대 사항은 없는가?

9. 조합은 가능한가?

이런 체크 리스트를 기본으로 하여 나름대로의 체크 리스트를 만들어 보는 것도 좋다. 예를 들어서 가격을 변경하면? 고객의 연령대를 낮추어 보면? 다른 지역에서 판매를 하면? 광고를 바꾸어 보면 어떨까? 등 이다.

주변을 통해서 아이디어를 발상하는 방법

실제 아이디어를 현장에서 얻는 방법을 말한다. 예를 들어 공모전 주최사가 화장품 회사라고 하면 직접 매장에 찾아가 현재 팔리고 있는 상품, 간판과 디스플레이, 실제 판매가격, 구매 고객의 연령대 등을 확인하면서 지금 자신의 눈으로 본 것과 생각하는 것의 관련성을 파악하면 좋은 아이디어를 얻을 수 있다.

실제 주최사나 경쟁사에서 발간하는 책이나 홍보물, 광고 등을 참고하고 같은 부류의 산업이 아닌 다른 산업쪽에서 이용하고 있는 전략이나 전술 그리고 성공사례 등을 응용하는 것도 좋은 아이디어가 될 수 있다.

체계적으로 정리하라

우수한 아이디어도 머리속에서 많이 맴돌고 정리가 잘 되지 않는 게 현실이다. 이러한 경우 체계적으로 정리하는 툴을 사용하면 쉽게 정리할 수 있다.

MECE

머릿속에 있는 많은 아이디어를 정리하지 못하면 아이디어는 아이디어일 뿐이다. 공모전의 핵심은 아이디어를 어떻게 잘 구성해서 심사를 받을 것인가이다. 이러한 **아이디어를 생각하고 정리할 때는 시간과 노력을 효율적으로 사용하기 위해 정보와 아이디어를 정리하는 툴(Tool)을 사용하면 편하다. 그 대표적인 툴로서 MECE(Mutually Exclusive and Collectively Exhaustive)가 있다.** 이는 서로 중복된 것이 없고, 누락된 것도 없이 문제의 전체를 파악하는 사고방식으로 '서로

겹치는 부분이 없으며, 모아놓으면 완전히 커버한다' 라는 의미이다. 문제를 전체 대상에서 생각하고 파악하는 것에서 벗어나, 하나하나 여러 개의 묶음으로 나누어 문제를 파악하는 방식으로 세계적인 컨설팅 회사인 맥킨지에서 주로 사용하는 툴이다. MECE를 활용하는 포인트는 '원하는 목표에서 누락된 사항은 없는가?', '중복된 사항으로 효율이 떨어지는 내용이 있는가?' 'MECE로 파악하여 먼저 해야 할 것은 무엇인가?'를 염두해 두고 제로베이스 사고방식에서부터 출발하여, 논리적으로 쪼개어 가는 방법이다.

공모전 주최사의 현황과 문제점을 파악할 때 서술식으로 써 내려가는 것보다 이 MECE 툴을 사용하여 정리하면 접근이 너 용이하다.

큰 돌이 작은 모래가 될 때까지 망치로 분리해서 마침내 그 돌을 구성하는 성분이 무엇인지를 파악해내는 광물학자처럼 대상의 현황이나 문제점을 근본적으로 왜 생겨 났으며, 무엇으로 구성되어 있는지를 파악할 때까지 분석해서 생각한다.

이렇게 분석적으로 찾아내는 것이 바로 각기 다른 개념들과 사물들의 연결점이다. 마치 어렸을 때 끝말잇기 놀이를 하듯이 서로 상이한 개념과 개념, 사물과 사물 사이의 유사점을 찾아낸다. 계속적으로 이러한 유사점을 찾다보면 마침내 전혀 생각지도 못했던 새로운 개념이나 사실을 발견할 수 있다. 이러한 방식으로 새로운 니치 시장을 찾을 수 있고 그곳에 맞는 상품이나 마케팅 전략도 준비할 수 있다.

한가지 예로 새로운 게임 개발 프로젝트를 진행하고자 한다. 이때,

새 프로젝트의 대상 유저층은 누구로 잡아야 할 것인가? 라는 문제를 논한다고 할 때 유저층의 구분방법에 대해서는 기준이 있어야 할 것이다. 게임을 할 유저를 나누는 방법에 대해 생각해보자.

* 연령대/직업에 따라 나누는 방법
    – 초등학생, 중학생, 고등학생, 대학생, 직장인, 장년층, 노년층 등
* 지역에 따라 나누는 방법
    – 서울/수도권, 경기도, 충청도, 강원도, 전라도, 경상도, 기타
    – 한국, 일본, 동남아, 중국, 유럽, 북미, 기타
* 성별에 따라 나누는 방법
    – 남자, 여자
* 게임실력에 따라 나누는 방법
    – 게임을 할 줄 모르는 사람, 초보, 중급, 고급 등
* 플랫폼에 따라 나누는 방법
    – PC, 콘솔, 오락실

로직트리(Logic Tree)

로직트리(Logic Tree)는 MECE의 사고방식에 따라 주요항목을 Tree 형태로 분해한 것으로 논리적인 사고로 문제를 하나하나 나열해 문제를 해결하는 툴(Tool)이다. 분석 방법으로는 문제에 대해 대분류, 중분류, 소분류로 순차적으로 먼저 분류를 하고 우선 큰 문제를 제시한 후 각각의 큰 문제에 대해 다시 분석한다. 이렇게 나온 중분류로 문제점이 분사되면 이를 다시 소분류로 분사시켜 나뭇가지에서 또다시 가지가 나오는 것처럼 확장시켜가는 형태를 말한다. 로직트리를 활용하는 포인트로는 항상 하나의 문제가 나올 때마다 Why?를 끊임

없이 생각하고 그에 대한 해답과 행동사항들을 기술해 나간다.

이 로직트리를 사용하면 한 장에 모든 정보를 얻을 수 있어 효과적인 아이디어를 구할 수 있다. 주최사가 현재 가지고 있는 문제는 무엇인가? 이 중 가장 큰 문제는 무엇인가? 이 문제는 어디에서 왔는가? 이 문제의 해결 방안은 무엇인가? 해결하기 위한 요소는? 해결 순서는? 이러한 방법으로 계속 꼬리를 물고 나가는 방법이다.

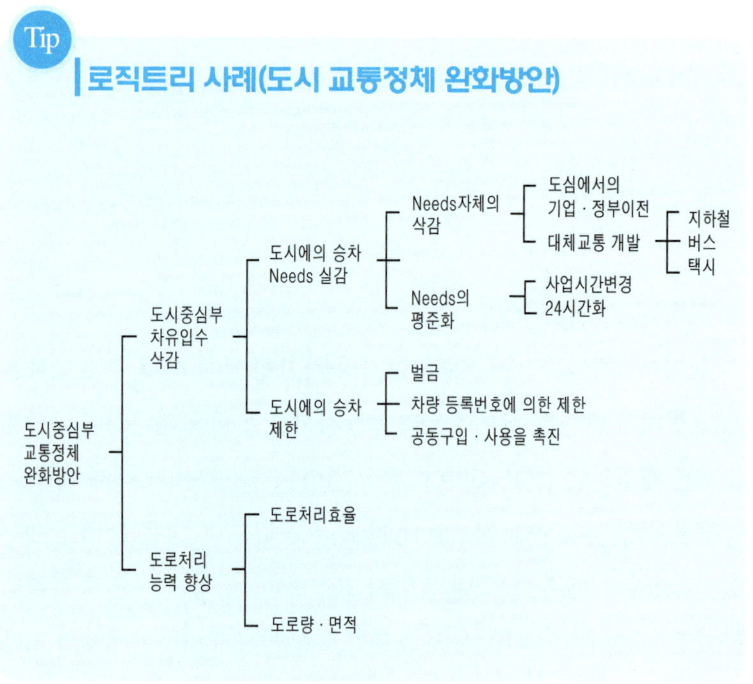

농림부가 주최한 온라인농업정보서비스 컨텐츠 아이디어 기획 공모전에서 대상을 수상한 국립목포대학교의 K씨는 다음과 같은 순서와 로직트리 방법으로 아이디어를 개발했다.

1. 정확한 공모전 주제를 파악

농림부가 운영하는 정보화 농촌을 만들기 위한 사이트 affis.net에 2008년 온라인서비스에 제공할 신설 컨텐츠 아이디어 기획안 제출임을 확인한다.

2. 사이트 분석

공모진 대상 사이트인 affis.net의 사이트맵과 각각의 컨텐츠를 확인하여 현재 보유하고 있는 컨텐츠를 연구한다.

3. 아이디어 개발

로직트리(Logic tree)를 이용하여 현재 농촌이 가지고 있는 문제점을 발굴하고 이를 토대로 해결방안을 도출한다. 큰 문제점은 FTA에 직면한 농촌이 현재 정보력이 부족하며, 자체 경쟁력을 가지기 위해서는 선진농업기술개발이 필요하다는 점, 또한 탈농현상으로 인한 심각한 노령화현상과 인구감소로 노동력이 부족함을 로직트리를 통해 도출했다.

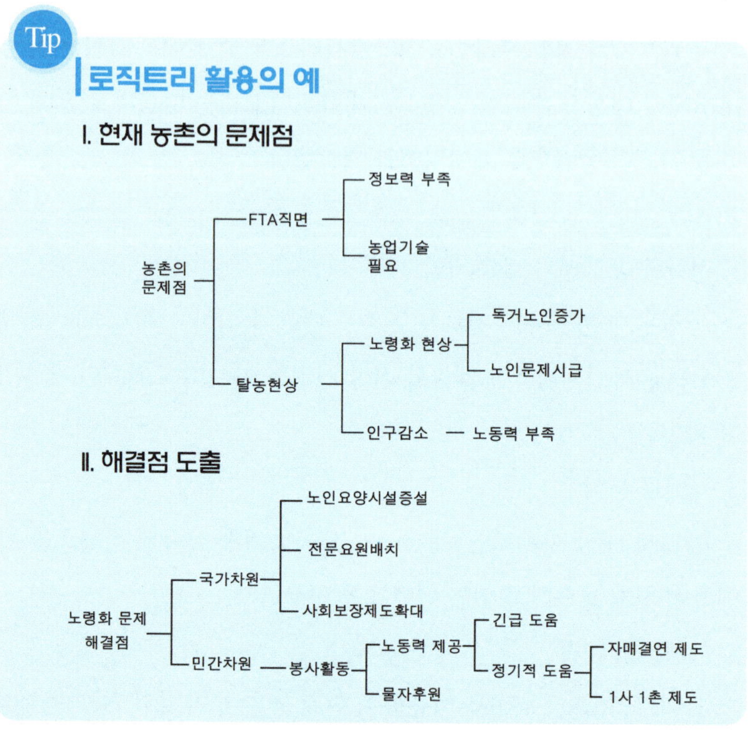

　　1단계에 제시된 문제점에 대한 해결방법으로 정보력에 대한 방안은 웹사이트에서 이미 적극적으로 진행하고 있는 부분이기 때문에 탈농현상의 가지에 대해 집중적으로 해결방안을 도출했다. 이를 다시 국가차원과 민간차원의 방법으로 2개의 가지로 나누고 그 중에서 민간차원의 방법 중 봉사활동에 가지를 더 늘려 노동력을 제공하는 방법의 아이디어를 도출하였다

　　이렇게 로직트리를 이용한 아이디어를 발굴하여 현재 농촌에서 가장 문제 시 되고 있는 노동력 부족을 봉사활동이라는 컨텐츠를 제공함으로써 해결해가는 실행방안을 제시해 입상하게 되었다.

Chapter 5

현대 마케팅으로 프로모션하라

• 드라마, 영화, 게임에 간접광고하는 PPL
• 백문이 불여일견. 샘플 마케팅
• 순식간에 퍼져나가는 입소문 마케팅
• 또 하나의 세상 온라인에 화젯거리를 만들어라
• 문화마케팅으로 기업의 이미지를 심어라
• 고객을 알면 매출이 보인다. 고객과 최대한 밀착하라
• 쿠폰, 포인트, 마일리지, 적립카드로 고객을 Lock-in 하라

PPL을 이용하라

삼국지에 제갈량과 같은 전략가가 전쟁 시작 전에 전쟁에서 이길 수 있는 전략을 생각해내고 이를 조언함으로써 전쟁에서 승리하게 되는 기틀을 마련한다. 기업도 마찬가지로 큰 마켓시장 즉 전쟁터에서 다른 경쟁사와 다른 경쟁우위 전략이 필요하고 그 전략가가 바로 공모전을 준비하는 당신인 것이다. 공모전에서 사용되고 있는 아이디어 및 프로모션 방안은 현대 마케팅 트랜드를 바탕으로 학생다운 참신한 기획서로 작성되었을 때 입상작으로 수상되고 있다.

현재 이슈가 되는 마케팅과 라이프 스타일의 변화 그리고 소비 트랜드의 변화를 잘 읽어내어 잘 표현하는 기획서가 좋은 평가를 받는다. 이러한 **현대 마케팅 트랜드 중의 하나가 PPL 광고이다.**

2006년에 방영되었던 MBC 수목드라마 신입사원에 PPL을 했던 소망화장품은 실제 강남점의 한 매장 간판을 '해피크레딧' 으로 변형한 것으로 촬영 기간 내내 '뷰티크레딧' 이라는 로고 간판을 '해피크레딧' 으로 달아놓고 누구라도 알 수 있게끔 광고했다.

사람들이 자주 보는 드라마나 영화에서 주인공이 입은 옷, 악세서리, 자동차, 화장품, 컴퓨터 등이 화면에 노출되어 사람들의 관심을 불러 일으켜 의도하지 않는 히트상품이 되어 이슈가 된다.

이렇게 사람들의 심리와 사회현상를 이용하여 **영화나 드라마 속에 제품이나 서비스가 숨어 있어 은연 중에 시청자들은 광고에 노출되어 제품과 서비스를 이해하고 받아들이게 된다. 이러한 간접광고를 PPL(Product Placement)이라 한다.**

이러한 PPL의 대상이 될 수 있는 것은 비단 영화나 드라마뿐만 아니라 뮤직비디오, 노래방 영상, 심지어 '카트라이더' 와 같은 온라인 게임에서도 가능하다.

PPL의 유형은 4가지가 있는데 첫번째로 '직업군 설정' 이다. 드라마 속 인물들이 일하는 곳을 극중 광고주의 배경기업으로 설정하여 시청자에게 노출시켜 기업의 대 · 내외적인 활동과 여러 가지 모습들을 자연스럽게 보여줄 수 있는 장점이 있다.

다음으로 '기능 연출' 이 있는데 이러한 설정은 무선인터넷, 메신저, 미니홈피, 네비게이션, 외제승용차, 핸드폰이나 노트북 등 첨단 장비들의 새로운 기능을 드라마에서 출연자들이 제품을 직접 사용함으로 제품의 기능이나 장점을 부각시키는 형태이며 보통 단발성으로 추진되는 경우가 많다. 스토리에 묻혀 장기적이지 않을 경우 주목도가 약한 단점이 있다.

세번째 방법이 '디스플레이' 이다. 화장품이나 옷 등을 드라마 속 소품으로 배치시켜 노출시키는 방법으로 실생활과 가장 비슷하게 제품이 배치되어 노출빈도를 높여 친숙도를 높이는 방법이다.

마지막 방법으로 드라마 종료 시 예고방송과 종료자막 전에 노출되는 '제작지원' 형태의 광고이다. 해당 드라마의 제작지원 로고를 3초간 공지함으로써, 시청자에게 기업의 인지도를 높이고 친근함을 제고하는 광고이며 현재 이리한 방법은 기업뿐만 아니라 관공서에서도 제작지원을 하면서 사용되고 있는 방법이다.

이는 효과을 보였다.

    [CGV]

    여주인공 김정은의 직업군 CGV의 스텝으로 설정하여 스텝의 역
할과 교육 받는 장면을 통해 CGV의 인재상이나 이념 등을 노출시켰
고 장애우 관람 서비스, 심야 영화 서비스, 친절 교육 서비스 등 현재
CGV내에서 계속적으로 진행하는 서비스들을 간접적으로 노출시켰
다.

샘플 마케팅을 이용해라

샘플링은 본제품을 사기 전에, 미리 써보게 하는 마케팅의 방법으로 대표적으로 화장품업계의 샘플링을 예로 들 수 있다. 대부분의 화장품업계에서는 실제 제품을 1/5정도 사이즈로 축소시켜 샘플을 만들고 이것을 소비자들에게 미리 나누어 주어서, 미리 한번 써보게 하는 것이다. 이렇게 되면, 소비자입장에서는 비용을 지불하지 않고도 해당 제품을 써볼 수 있으니 좋은 기회가 되는 것이고, 기업은 자기 제품의 장점을 소비자에게 쉽게 알릴 수 있게 된다.

대표적인 샘플 마케팅 성공 사례로 참존 화장품을 들 수가 있는데 참존 화장품의 김광석 회장은 피부 전문약국을 20여년간이나 경영한 약사 출신이므로 당연히 제품 자체의 효능에 신경을 썼으며 기존의 트랜드에서 벗어나서 화장품 업계 최초로 미인을 모델로 사용하지 않고 의인화한 청개구리를 사용하여 "샘플만 써봐도 알아요" 라는 말을 유행시켰다. 이런 계기로 김광석 회장은 '청개구리 회장' 이라는 별명까지 얻었고 현재까지도 아이디어 창출과 끊임없는 개혁을 주도하고 있다.

참존은 창업 초기부터 광고비를 모두 샘플에 투자하였고 대량의 샘플을 배포하여 고객이 직접 제품을 써 본 후 선택할 수 있도록 하였는데, 이것은 제품력이 뒷받침되었기에 가능하였고 이러한 샘플들은 회사 제품에 대한 인정과 신뢰를 얻어내는 계기가 되었다.

샘플 마케팅은 현재 화장품에서뿐만 아니라 아파트를 분양할 때 모델하우스을 오픈하여 미리 보여주는 것과 새로운 식품이 나오면 이마트나 롯데마트 식료품코너에 시식자리를 마련해 먹어보게 하는 등 업계 전체로 퍼져나가 고객의 눈과 입맛을 사로잡고 있다.

최근 트랜드로 가전업체들이 샘플하우스를 적극적으로 활용하고 있다. 보통 가전제품을 살 때 디지털 전문매장을 찾게 되는데 제품을 보고도 한참 망설이게 되는 이유가 여러가지 있는데, 기능적인 부분은 많은 브랜드들이 비슷한 성능을 가지고 있어 큰 차별화가 되지 못한다는 것이다. 다른 요소 중의 하나가 가격이지만 이 부분도 큰 차이를 내지 못한다. 현재 가전 제품을 살 때 많이 고려하는 부분이 과연 이 제품을 우리집에 갖다 놓았을 때 어울리는가 하는 것이다. 즉 디자인 부분을 중요시 여기는 추세이다.

이런 고민을 해소하기 위해서, 가전업체들이 아파트를 빌려 모든

가전제품을 설치한 모습을 보여주고 있으며 이런 가전 제품들은 냉
장고, 전자레인지, 김치냉장고 등 패키지 형태로 판매되며 제품을 선
택할 때 훨씬 편리한 기능을 하고 있다.

　샘플링이 사용되는 시기는 보통 신제품이 나왔을 때인데 샘플링
은 제품에 대한 인지도를 높이는데 효과가 높다. "백문이 불여일견"
이라는 말처럼, 애기 듣는 것보다 직접 사용해보면 신제품의 인지도
를 높이는데 효과가 크다.
　두 번째는 소비심리가 위축되어있을 때인데 경기침체로 소비심리
가 좀처럼 되살이니지 않을 때 효과가 크나. "무료 샘플을 통해서 한
명의 고객이라고 더 확보하자." 최근 기업들이 펼치는 마케팅 전략이
다.

입소문 마케팅을 이용해라

입소문 마케팅은 소비자의 입과 머리, 손끝에서 일어나는 대화와 생각, 바람, 온라인 의사소통이 전략의 기본이 된다. **입소문 마케팅으로 가장 적절한 타겟은 20대 후반에서 40대 초반까지의 여성층이다.** 여성을 중심으로 하는 직장, 학교 자모회, 아파트 부녀회, 동창회 등이 입소문을 만들기 좋은 타겟 중의 하나이다.

최근 공모전 사례로는 '대상 청정원 미소가 생라멘의 성공적 커뮤니케이션을 위한 입소문 마케팅 전략'을 주제로 개최하여 공모전 홈페이지(www.misogaramen.com/wom)를 통해 온라인으로 접수를 받았고, 실제 본선 진출팀을 대상으로 각 팀별당 100만원의 입소문 마케팅 실행예산을 지원하여 기획안을 대학 내에서 실제로 실행하는 독특한 공모전을 진행했다.

이러한 입소문 마케팅의 성공적인 대명사로 불리는 것은 김치냉장고의 마켓 리더인 딤채를 들 수 있다. 대형 가전 업체를 따돌리고 단기간에 약 60%의 점유율을 차지하고 있는 딤채의 성공적인 마케팅 전략은 영국의 HULL 대학 MBA과정의 교재에서 '골리앗과 싸운 다윗'이란 제목으로 채택될 만큼 주목 받고 있다.

딤채 시판 당시 위니아만도는 시민단체와 유명 요리사, 정치인 등 오피니언 리더라고 불리는 3,000여 가정에 무료로 딤채를 쓸 수 있도록 했다. 사용 후 마음에 들면 반값에 살 수 있는 혜택을 줬으며 주부들의 모임도 적극적으로 공략하였는데, 이러한 작전은 대성공이었다. 딤채는 첫해 4,000대를 시작으로 1996년 2만 대, 1997년 7만8,000대에 이어 2002년에는 74만 대가 팔려 나갔다.

딤채의 성공으로 김치냉장고 시장의 가능성이 보이자 삼성과 LG 등 국내 대형 가전업체들도 잇달아 김치냉장고를 출시하며 본격적인 시장경쟁이 시작됐다. 그러나 이런 대형 가전업체들의 공세와 경쟁사에 비해 10~15% 높은 가격에도 불구하고 딤채는 현재까지 시장점유율 1위를 꿋꿋하게 지키고 있다. 딤채가 이처럼 대형 가전업체들의 공세를 물리치고 시장점유율을 지킬 수 있었던 것은 이러한 입소문 마케팅으로 가능했다.

'써보니 좋다던데' 이 한마디 보다 나은 장사 방법은 없다. 출시 이후 마케팅 전략은 구전마케팅에 중점을 뒀다. 주부들의 계모임을 통해 10대를 구입하면 1대를 공짜로 주고 시어머니를 모시는 주부에게 30% 할인혜택을 주는 등 얘깃거리를 만들어 주는 식이었다.

　"...김장철이 사라질 위기에 처했다. 저장기술이 발달, 맛이 변하지 않게 오랫동안 보관할 수 있게 됐기 때문이다..." 김장철을 두 달이나 앞둔 10월 중순부터 신문에 때 아닌 '김장' 관련 기사가 쏟아졌다. 더구나 주부들 사이에 소문이 꼬리에 꼬리를 물고 돌기 시작했고, 소비자들은 한 달을 기다려야 딤채를 살 수 있을 정도가 됐다. 그 결과 위나아만도의 딤채는 출시 후 10년이 지난 지금까지도 김치냉장고 시장에서 부동의 1위 자리를 지키고 있다.

　이렇듯 광고매체를 통한 일방적인 광고집행은 지양하고 **구전에 의한 자발적인 권유의 유도와 끊임없는 회자 거리의 제공을 통한 구전 마케팅에 역점을 두는 것도 하나의 좋은 마케팅 방안으로 자리잡고 있다.**

온라인에 화젯거리를 만들어라

영국 파이낸스 타임즈(FT)에서 발표한 전 세계 주요 브랜드 가치를 산출한 결과 1위로 전년 대비 77%증가(664억 3400만 달러)한 구글이 차지했고, 이는 코카콜라나 월마트, IBM을 능가한 수치이다. 이러한 현상은 아날로그에서 디지털로 바뀌는 패러다임을 단적으로 보여주고 있다. 이렇게 변화되는 시대에 맞춘 마케팅 제안이 필요하며 현재는 온라인을 포함하지 않는 마케팅은 말하기가 어렵다.

온라인 마케팅의 대표적인 성공 사례로 애니모션(애니콜), 왕의 남자, 네이트온를 들 수 있다.

애니모션은 '인기 스타인 이효리와 에릭이 만나 새로운 것을 만들었으면 좋겠다' 라는 젊은층의 요구를 읽어 제일기획에서 준비하게 되었으며 기획단계부터 온라인 광고를 염두해두고 세밀하게 준비된 프로젝트였다. 인터넷 동영상을 단계적으로 P2P사이트에 올림과 동시에 티저마케팅을 실시하였고 네이버 지식검색에 등록해 인터넷 여론을 형성한 후, TV광고까지 진행함으로써 큰 성공을 거둔 사례이다.

영화 왕의 남자는 온라인 카페 회원을 대상으로 첫시사회를 했고 이를 통해 좋은 영화임을 확인시켜주면서 온라인에는 이 영화의 찬사 글이 넘쳐나기 시작했다. 이미 관심이 많았기 때문에 더 재미있게 볼 수 밖에 없던 이들의 진심이 묻어나는 영화평은 점점 더 많은 사람들에게 호감을 일으켰다. 배우 이준기의 예쁜 남자 신드롬을 홍보하기 위해 끊임없이 매체들을 섭외했고, 시작은 작았지만 영화의 흥행과 함께 점점 더 이슈가 되어 결국 1,000만명 이상의 관객을 모으는데 성공했다.

인터넷 마케팅의 첫 성공사례라고 하면 단연 마이크로소프트의 핫메일이다. 지난 1998년 자사의 무료 e메일 서버 판촉 수단으로 네티즌을 인터넷에 연결시킨 핫메일은 1년 반 만에 1,200만 명의 가입자를 확보했다. 이런 강력한 기반을 토대로 제공하는 MSN메신저의 유저도 세계적으로 가장 많은 추세이다.

하지만 우리나라에서는 토종 메신저인 '네이트온'이 마이크로소프트의 'MSN메신저'를 제치고 명실공히 국내 1등 메신저로 자리매김했다. 네이트온은 싸이월드의 미니홈피 때문에 20대의 사용자가 폭발적으로 늘어났고 공짜 문자를 보낼 수 있다는 아주 단순한 것이 한몫을 했다.

　　그 외에도 전문 피아니스트 이루마
가 직접 학교에서 음악수업을 진행하는
것을 신청하는 온라인 이벤트로 각 학
교의 경쟁을 부추겨 회원들 모집하는
전략적인 이슈도 온라인 마케팅의 한
방안이다.

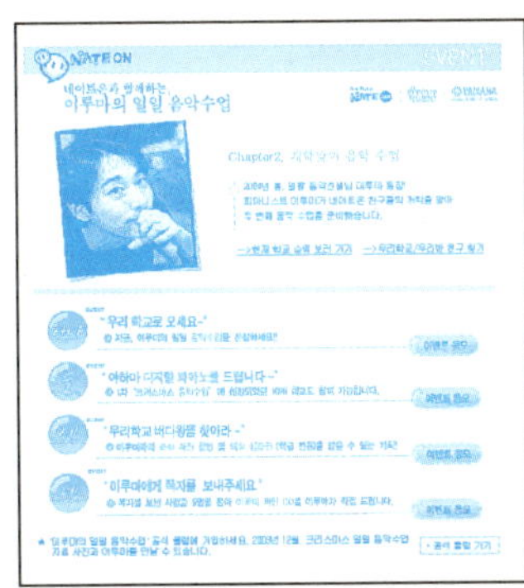

Nate On의 이루마 일일 음악수업

　　MP3의 대명사인 아이리버가 짧은 기간에 시장점유율 1위 자리를
차지할 수 있었던 숨겨진 비결은 바로 인터넷을 이용한 마케팅에 있
었다. 디자인이 다른 아이리버를 출시히지 양덕준 사정은 진직원에
게 한 가지 지시를 내렸다. "10~20대가 자주 찾는 포털과 온라인커뮤
니티에서 아이리버 제품을 자랑하라"는 주문이었다. 양덕준 사장 스
스로가 모범을 보였다. "아이리버 제품을 구입했는데, 품질이 좋고
디자인도 예뻐 너무 맘에 든다"는 식으로 포털 게시판에 올리거나,
온라인커뮤니티에서 아이리버 알리기에 나섰다.

　　2002년 6월엔 '아이리버 마니아 클럽'을 아예 따로 만들었다. 마
니아 클럽을 활성화시키기 위해 양덕준 사장이 들고 나온 전술은 '구
전효과 전위부대'를 운영하는 것으로 500명의 마니아들을 선발해 이
들에게 일정한 혜택을 주면서 아이리버 알리기에 나서주도록 요청했
다. '자유게시판'은 이들에 의해 운영됐다. 이들은 제품을 써본 이후
소감이나 개선점 등을 서로 올려놓는다. '채팅' 코너를 통해 신규 고
객들과 실시간으로 정보를 교환하며 마니아 클럽 채팅방에서는 1주

일에 한 차례씩 '정팅'을 갖기도 한다. 이 경우 정기적인 온라인 모임엔 회사 직원들도 참여한다.

현지인을 활용하는 방안도 적극적으로 이용하였는데 미국, 일본, 홍콩, 유럽 등에서 활동하는 '전위부대' 요원은 300명에 달한다. 이들은 주로 현지 언어로 아이리버 알리기에 열심이다. 전체 직원 300명 가운데 고객관리에 매달리는 인원은 100명에 달한다. 어느 정도 고객들의 입맛을 읽어내기 위해 노력하고 있는지를 단적으로 보여준다.

최근 인터넷 트랜드로 대형 포탈 사이트 검색 순위 1위에 오르는 것은 엄청난 홍보 효과로 작용하며 전국에 이슈를 만들어 낸다. 지난 2005년 6월 반려견을 지하철에 데리고 반려견의 배설물을 치우지 않아 인터넷에 사진이 올려진 '개똥녀'를 시작으로 2006년 월드컵기간에 시청에서 사진이 찍혀 유명해진 '시청녀'와 '엘프녀' 등이 있으며 사치와 명품을 즐기고 허영심이 많은 여성을 대표하는 '된장녀', 강아지를 풍선에 매달아 하늘로 날려버린 '개풍녀', 선행으로 따뜻함을 불러일으켰던 '목도리녀'까지 현재 인터넷이 있기 때문에 가능했던 일들이다.

제품 사용후기가 대표적인 온라인 마케팅 수단으로 활용되고 있으며, 단순한 상품평 외에 제품과 직접적인 연관이 없는 글과 사진, 개성 있는 동영상 설명서 등을 통해 쇼핑몰을 홍보하는 사례가 좋은 반응을 일으키고 있다. 엠플온라인으로 오픈마켓 시장에 진입한 CJ 홈쇼핑의 경우, '미스터 엠플'이라는 동영상을 찍어 네티즌의 호기심을 유발하는 티저마케팅에 성공해 커다란 반향을 일으키고 있다. **불과 몇 번의 클릭만으로도 전체 망에 연결되는 인터넷을 활용한 마케팅은 오프라인의 마케팅과 다를 것도 없고, 오히려 더욱 강력한 효과를 제공해 준다.**

문화마케팅으로 기업의 이미지를 심어라

'상품을 팔지 말고 즐거움을 팔아라!' 라는 말로 대표할 수 있는 **문화마케팅은 고객(소비자)에게 즐거움과 기쁨을 주는 21세기 경제전쟁의 새로운 패러다임으로서 기업과 문화가 상생할 수 있는 Win-Win 전략이 문화마케팅의 핵심이다.**

이러한 문화마케팅의 사례로 우림건설의 책나눔 캠페인, KT&G의 서태지와의 블라디보스톡 여행, 포스코의 콘서트, 쌈지의 인사동 쌈지길, 삼성의 리움 미술관, 흥국생명의 아트큐브 등이 그 좋은 예라고 할 수 있다.

책나눔 경영으로 유명한 우림건설 심영섭대표는 10년 넘게 문화경영을 실천하고 있다. 1996년 '책 나눔 캠페인' 시작으로 뮤지컬 전용극장 '우림 펑키하우스', 시노래 모임 '나팔꽃' 공연 후원, 난타 전용극장 '우림 청담 씨어터' 등이 그의 작품이다.

　우림의 직원은 매달 1권씩 1면에 심대표의 친필 감상문이 적혀있는 책을 선물 받으며 조례시간을 통해 독후감을 발표하거나 시를 낭송한다. 이렇듯 책은 우림건설의 경영진과 사원 간의 의사소통이 되는 수단인 것이다. 내부 고객인 직원의 문화에 힘을 쏟는 기업 우림의 매년 매출도 급성장하고 있다. 매월 7,000여권의 책을 우림의 내부 직원뿐만 아니라 주위 어려운 이웃과 군대에게까지 전달해 연간 5억원에 이르는 비용을 사용하고 있다.

　포스쿠의 경우 제철회사라는 치기운 기업이미지를 클래식공연의 지원과 더불어 기업 CF에 클래식 영상과 선율을 활용함으로써 기업 이미지 제고에 상당한 효과를 거두었다. 클래식 현악기의 현은 철로 만들어졌지만 소비자는 클래식을 들으면서 그러한 사실을 인지하지 못한다. 하지만 '소리 없이 세상을 움직인다' 는 포스코의 CF 카피는 소비자에게 철의 소중함과 그렇게 소중한 철을 제련하는 포스코란 기업에 대한 긍정적인 이미지를 창출하였고, 결국 포스코의 대외인지도는 크게 향상되었다.

　패션잡화 전문기업인 쌈지가 운영하고 있는 인사동 '쌈지길' 은 휴일에만 2만여명이 방문할 정도로 인기를 모으고 있다. 쌈지 매장을 포함해 공예품점과 갤러리, 음식점이 한 데 모인 복합문화공간으로 브랜드 홍보 효과를 톡톡히 보고 있다. 잡화 라인은 인사동 쌈지길이

붐업되면서 매출이 상승하고 있고, 의류도 홈쇼핑, 인터넷 판매가 호조를 보이는 등 쌈지는 제품의 고객층이 감상할 수 있는 공간을 제공함으로써 적은 비용을 투자해 매출을 높이고 문화 기업이라는 이미지를 심어주었다.

이러한 문화마케팅은 문화를 광고, 판촉 수단으로 활용할 수 있고 문화지원을 통해 자사를 홍보하거나 이미지를 개선하는 방법이 된다. 또한 새롭고 독특한 문화를 상징하는 기업으로 포지셔닝이 가능하며 문화의 후광효과까지 누릴 수 있다.

고객과 최대한 밀착하라

기업은 고객에 대한 철저한 이미지로부터 시작하여 고객의 요구를 제품 및 서비스에 반영하여 기업과 고객 간의 친밀도를 증가시켜 고객과 장기적인 관계유지를 맺는 것을 중요하게 여긴다. 고객이 제품이나 서비스에 대해 안고 있는 작은 문제점까지 해결하려고 노력하면 이러한 것들이 소비자들에게 경쟁사와 다른 이미지를 주어 시장을 선점하는 역할을 한다.

현재 기업들은 매출이 감소되는 것에 문제를 삼고 있지만 기존 고객을 잃어버리는 것에 대해 더욱 심각하게 여긴다. 이렇듯 기업은 어떻게 하면 기존 고객을 더 유지하고 신규 고객을 더 늘릴 수 있을까? 하는 고민에 쌓이게 된다.

공모전 주제로 고객 유지방안에 대한 연구가 기업체의 가려운 곳을 긁어주는 좋은 소재가 될 수 있다.

인터넷 오픈 마켓인 G마켓(www.gmarket.co.kr)을 방문한 고객들은 본인이 찾고자 하는 상품 외에도 다양한 정보를 더 보게 된다. 그 이유는 G마켓에서 방문한 고객에게 지금까지 쌓아왔던 데이터베이스를 이용하여 가장 적합한 정보를 제공하고 고객이 관심있어 할 만한 것들을 추가적으로 보여주어 방문 시간을 늘리고 있기 때문이다. 기존 고객이 이미 구입했던 제품들과 관심이 있는 제품들을 분석해서 추천 아이템 리스트를 보여주며, 최근 클릭했던 제품리스트를 제공하여 관심을 더 불러일으키는 등 다양한 노력을 하고 있다. 그 외에도 구매자들의 리뷰, 전문가 평, 포인트 및 쿠폰제공, e-mail서비스 등 최적에 서비스를 제공한다.

제 9회 현대자동차 마케팅 포럼에서는 여성을 중심으로 한, 여성자동차 시장의 니즈변화 및 트랜드 분석과 이에 따른 현대자동차의 마케팅 전략과 엔트리 수요층 및 실버세대를 위한 프로모션 운영 전략에 대한 주제로 공모전을 진행했다.

이와 같이 먼저 고객의 특성을 파악하고 그 특성에 따라 전략을 세우며 프로모션 방안을 정리하는 것이 중요하다.

고객을 Lock-in 하라

신용카드회사에서 사용금액에 따라 포인트를 적립시켜주거나 VIP회원으로 등급을 상향시켜 이용하는데 차별화를 준다. 이러한 고객이 이 신용카드를 해지하고 다른 신용카드로 쉽게 바꿀 수 있을까? 이렇듯 **락인(Lock-In)효과란 자신이 이용하는 현재의 네트워크를 이탈하지 않도록 감금함으로써 얻어지는 효과를 말하는데, 고객이 자동이체를 많이 하도록 유인하거나 이미 주소록에 많은 사람을 입력해놓도록 하는 것, 커뮤니티에 많이 가입하게 만들어 나중에 벗어나려고 할 때 손해를 볼 수 밖에 없도록 만드는 것 등이다.**

만약 A사의 핸드폰을 사용하다가 B사로 옮기거나 번호를 바꾸는 경우 많은 노력과 비용이 소요되는 것에 고민하게 된다. 또한 자주 이용하던 인터넷 이메일 계정을 바꿔보려는 생각을 해본 적이 있지만,

이미 익숙해진 화면구조나 그간 저장해 두었던 메일 주소와 온라인 카페 등을 포기하는 것은 그리 쉬운 일이 아니다.

요즘 유행하는 디지털 카메라의 경우 캐논이나 니콘을 선택하는 것에 따라 렌즈들을 선택하게 된다. 이 경우, 기존의 렌즈들 때문에 캐논에서 니콘이나 삼성으로 옮겨가기가 어려워지게 되는데 판매하는 입장에서는 기존 고객은 쉽게 다른 쪽으로 옮겨가지 않아 충성도가 높아지고 지속적으로 관련 상품의 판매가 가능하기 때문에 1석 2조의 효과가 있다.

지속적인 소모성 부품인 프린터 잉크나 토너를 팔기 위해 프린터를 저가나 무료로 파는 것도 이러한 락인효과를 이용한 전술이며 우리 주변에 많이 볼 수 있는 마케팅 전략 중에 하나이다.

이러한 락인 효과는 제품 대 제품 단위에서만 일어나는게 아니라 네트워크 내에서도 일어날 수 있다. 특히, 네트워크의 수에 의해 그 가치가 좌우되는 네트워크 제품인 경우에 아주 강력하게 나타나는데 그 대표적인 경우가 MS의 오피스 시리즈이다. 대부분이 MS워드를 쓰는데 잘 사용하지 않는 훈민정음이나 다른 프로그램을 쓴다면 이용하기 불편하기 때문에 이 경우에도 락인 효과가 작용한다고 할 수 있다.

싸이월드 같은 개인미디어에 주로 활동하고 있던 회원이 이를 쉽게 그만두지 못하게 되는 이유는 무엇일까? 클럽, 일촌맺기 그리고 그간 자신이 올리거나 스크랩해두었던 글, 사진 등을 포기하는 데서 오는 노력비용의 손실 때문에 그리 쉽게 탈퇴를 하지 못한다.

이러한 락인효과는 새롭게 등장한 경쟁사의 제품이나 서비스가 더 우수함에도 불구하고 높은 전환비용으로 인해 기존 고객들의 이탈을 방지하는 효과도 있다.

이 책에 소개된 현대 마케팅 방법외에도 대학생다운 참신한 마케팅 방안을 제안한다면 좋은 점수를 받을 수 있을 것이다.

성공을 위한 신념의 법칙

신념은 자동차 바퀴와 같다.

아무리 엔진이 좋아도, 최고급 네비게이션을 장착해도

바퀴가 없으면 단 1미터도 앞으로 나갈 수 없다.

신념이 있는 자만이 세상을 질주할 수 있다.

하루에도 수십만 불에서 수천만 불짜리 멋진 생각이

눈을 떴다가 물거품처럼 사라져 간다.

겁 많은 아이처럼 망설이지 마라.

내가 해낼 수 있을까 두려워 말라.

할 수 있다고 생각하면 할 수 있고,

할 수 없다고 생각하면 할 수 없다.

멋진 생각에 신념을 달고 지금 당장 시동을 켜고 달려라.

신념이 나의 운명을 바꾼다.

신념이 세상을 바꾼다.

Chapter 6

유용한 마케팅 원리

- 내부환경과 외부환경을 분석하는 SWOT 분석
- 고객의 욕구를 맞추기 위한 STP전략
- 시장을 자르고 분해하는 시장 세분화(Segmentation)
- 핵심 역량을 투여해 공략할 목표시장 선정(Targeting)
- 시장의 정확한 위치를 심어주는 포지셔닝(Positioning)
- 소비자의 머릿속에 인식되는 포지셔닝맵 작성
- 고객 만족을 위한 결합체 제품(Product) 전략
- 소비자에게 가장 민감한 가격(Price)전략
- 어디에 팔 것인가를 결정하는 유통(Place) 전략
- 어떻게 판촉할 것인가? 프로모션(Promotion) 전략

SWOT 분석

공모전 기획서를 작성할 때 어떤 틀로 아이디어를 배열하고 문서를 작성하는가에 대해 많은 고민을 할 것이다. 기획서를 쓰는 양식에는 정답이 없다. 가장 좋은 기획서는 기획서를 받는 사람이 가장 쉽게 이해할 수 있도록 작성된 기획서일 것이다. 보통 공모전 주최사의 심사위원은 보통 경영관련 전문가이기 때문에 일반적인 마케팅 원리에 의한 접근방식을 이용하면 내용 전개도 자연스러우며 평가하시는 분도 어렵지 않게 이해하게 된다.

SOWT분석은 기업의 강점(Strength)과 약점(Weakness), 기회(Opportunity)와 위협(Threat) 요인을 찾아내고 이를 토대로 마케팅 전략을 수립하는 경영기법을 말한다.

여기서 사용되는 4요소를 강점·약점·기회·위협(SWOT)이라고 하는데, 강점은 경쟁기업과 비교하여 소비자로부터 강점으로 인식되는 것은 무엇인지, 약점은 경쟁기업과 비교하여 소비자로부터 약점으로 인식되는 것은 무엇인지, 기회는 외부환경에서 유리한 기회요인은 무엇인지, 위협은 외부환경에서 불리한 위협요인은 무엇인지를 찾아낸다.

기업 내부의 강점과 약점을, 기업 외부의 기회와 위협을 대응시켜 기업의 목표를 달성하려는 SWOT 분석에 의한 마케팅 전략의 특성은 다음과 같이 활용할 수 있다.

① SO전략(강점-기회전략) : 시장의 기회를 활용하기 위해 강점을 적극 활용하는 전략

② ST전략(강점-위협전략) : 시장의 위협을 회피하기 위해 강점을 사용하는 전략

③ WO전략(약점-기회전략) : 약점을 극복하거나 제거함으로써 시장의 기회를 활용하는 전략

④ WT전략(약점-위협전략) : 시장의 위협을 회피하고 약점을 최소화하거나 없애는 전략

이러한 SWOT 분석을 통해 주최사가 가지고 있는 문제점을 효율적으로 파악할 수 있고 이를 해결점으로 발전시킬 수 있다.

스타벅스의 SWOT 분석

Strength	Weakness
- Take out 커피 전문점 시장의 선도 기업 - 커피의 고급화 - 종업원 중심의 기업문화 지향 - 브랜드 이미지 창조 - 오감 마케팅	- 일회용품 사용 - 과도한 미국풍에 대한 반감 - 혼잡한 매장 - 높은 가격 - 직영 매장 체제로 인한 높은 관리비용
Opportunity	Threat
- Specialty Coffee 시장의 확대 - 소비자들의 의식전환 - 신세대 문화와의 결합 - 바쁜 일상 속 휴식 공간 제공 - 다른 회사와의 연계를 통한 시너지 효과	- 커피전문점간의 경쟁심화 - 불안정적인 원두 가격 - 외국 커피 전문점이라는 거부감

삼성전자의 SWOT 분석

STRENGTH	1. 250억불 규모의 DRAM 시장과 설계기술, 공정기술, 시장점유율 측면에서 TOP-TIER 업체 2. NAND FLASH 분야에서 압도적인 시장 지지율 3. 모바일폰, TFT-LCD, DIGITAL TV 등 세계 경쟁력 우위
WEAKNESS	1. DRAM과 NAND 등 메모리 분야에서 경쟁력에 비해 LOGIC 분야 기술 열세 2. 핵심 부품 및 원천기술의 높은 해외 의존도
OPPORTUNITY	1. DIGITAL CONVERSE, MEMORY 시장을 견제할 새로운 APPLICATION 등장 2. 높은 브랜드 가치를 통한 LOW-END 통신 단말 시장 진입 및 LCD-TV 가격 경쟁력 확보 3. 모바일 시장의 선점 및 기술보유
THREAT	1. 메모리 석권 저지를 위한 인텔 및 일본기업 침투 2. 주력제품 분야에서 강력한 경쟁자 출현 3. 특허분쟁으로 인한 손실, 중국의 성장

STP전략

　　KT&G 마케팅 리그에서 입상한 서울대학교 대학원 C팀은 '남성 화장품 글로벌 브랜딩' 이라는 제목으로 남성 화장품의 세분화와 고급화 추세에 발맞추고 경제적인 능력과 자기를 가꾸려고 하는 욕구가 가장 큰 25~35세대 전문직, 사무직 남성들을 핵심 타겟으로 선정하고 그들에게 알맞은 마케팅 방법을 제시하였다.

　　전략으로 세련된 이미지, 새롭게 Positioning된 참신한 브랜드 구축, 차별화된 서비스를 들었다. 이러한 전략을 바탕으로 기능성 남성 화장품의 라인을 확장하며 스포츠형 패키지, 여행 출장용 패키지 등 용도별로 세분화함과 동시에 결혼, 승진 등이 라이프 스테이지에 맞는 이벤트를 구상했다. 이와 더불어 체험마케팅, 유통의 다양화, 온라인 활용전략을 기획하고, 특히 광고 전략에서는 1차 기다려왔던 만남, 2차 그들만의 이야기, 3차 프랑스 출장편이라는 주제로 실제 광고 스토리 보드를 사용하여 TV광고 시안을 제작하였다.

　이렇듯 **STP전략은 세분화된 고객의 욕구를 만족시키기 위해 도입된 마케팅전략의 개념**으로 몇 개의 기준을 이용하여 다수의 시장으로 분류하는 시장세분화(Segmentation)와 이러한 세분시장에서 자사의 능력과 경쟁을 고려하여 가치가 있는 표적시장을 선택하는 타게팅(Targeting), 그리고 시장에서 제품 속성이나 다양한 마케팅믹스를 이용하여 자사 제품을 고객의 마음속에 심어주는 과정인 포지셔닝(Positioning)의 세단어 영어 머리글자를 따서 STP라는 약자를 사용한다.

　다양한 고객의 욕구에 따라 시장에 대한 대응은 달라져야 한다. 단일 제품으로 수많은 고객의 욕구를 충족시켰던 매스 마케팅(Mass Marketing)시대는 지났다. 이제는 다양한 고객의 욕구를 채워줄 수 있는 기업만이 생존할 수 있는 것이다.

시장 세분화(Segmentation)

시장 세분화란 일정한 기준에 따라 시장을 몇 개의 동질적인 소비자 집단으로 나누는 것을 말한다. 이러한 시장 세분화의 이점으로는 먼저 소비자들의 욕구에 맞게 제품을 비롯한 마케팅 믹스를 개발함으로써 그들의 욕구를 더 잘 충족시켜줄 수 있다. 이러한 소비자 욕구를 정확히 충족시켜줌으로써 소비자들의 회사 또는 자사 상표에 대한 애호도를 높일 수 있으며, 회사의 강점을 최대로 활용할 수 있는 세분 시장에만 자원을 투입하므로 경쟁의 압력을 잘 견뎌낼 수 있다.

미백 치약(치약시장의 세분화)이라던지, 드럼세탁기용 세제(세제의 세분화), 그밖에 의류 브랜드들의 남성전용 의류 매장, 속옷전용 의류매장과 삭스탑(기능성 패션 양말)도 양말시장을 세분화함으로써 큰 성공을 거두었다.

　　Procter & Gamble은 여러가지의 다른 상표 세제를 (Tide, Cheer, Gain, Dash, Bold 3, Ivory Snow, Oxydol, Solo 등) 생산하고 있으며 상표들은 각기 서너가지 종류의 크기가 다른 포장과 가루로 된 것, 액체로 된 것, 향기가 있는 것 또는 없는 것 등으로 또다시 그 종류가 나누어진다. 소비자가 세제를 구입할 때는 각 소비자 층마다 다양한 욕구를 가지고 있어 경제적인 세제, 표백이 잘 되는 것, 천을 부드럽게 하는 것, 냄새가 산뜻한 것 그리고 강한 세제, 약한 세제 등의 특징에 따라 각자가 원하는 것을 구입하기 때문에 각각의 요구에 맞게 세분해 놓은 것이다. P&G는 이렇듯 시장을 세분화하여 각 고객층의 욕구를 만족시켜 준 결과 세제 시장을 50%이상이나 선유하게 되었다.

(그림)고객 세분화에 따른 다양한 종류의 P&G 제품

　　이런 세분시장은 마케팅비용을 투자했을 때 충분한 수익을 창출할 수 있는 규모를 갖추어야 한다. 이 **규모는 각 세분시장에 개별적인 마케팅전략의 수립에 소요된 비용을 회수하고 기업에 충분한 이익을 보장할 수 있는 규모를 가져야 한다.** 예를 들어 KTF의 연령대별 상품을 살펴보면 35세 이상부터는 이동통신 사용량이 급격하게 떨어져서 개별적인 마케팅 프로그램을 수행할 때 드는 비용보다 효과가 적어 따로 세부시장을 구분하지 않았다.

이처럼 공모전을 준비할 때 세분시장을 명확히 할 필요가 있으며 되도록이면 성장 가능성이 큰 세분시장을 타겟으로 하는 것이 좋다.

신세대와 386세대의 세분화

신세대

약 15~23세 사이의 젊은 사람들이며 새롭고 독특한 경험을 하는 사람들이다.

위계질서를 중요시 생각하고 안전지향적이고 검소한 부모님 및 그 위 세대와는 거리가 멀지만, 미래를 두려워하지 않고 구세대에 비해서 더 창의적이고 유연하다. 온라인상의 또 다른 차원의 삶을 누리길 좋아하여 미니 홈페이지, 아바타 그리고 지식검색과 일촌 커뮤니티를 나 자신을 표현하는 수단과 개성을 표출하는 방법으로 생각한다.

동년배 집단의 생활 방식을 존중하고, 동년배 집단과 디지털 세상을 통해 의사 소통을 할 수 있도록 휴대폰 문자 메시지와 온라인 커뮤니티로 지속적인 노력을 한다.

여전히 브랜드 중심으로 소비한다. 그러나 이것은 특별히 돈이나 소비능력을 과시하기 위한 것이 아니라 자신들의 또래 집단에 속함을 보여주기 위한, 그리고 현명하게 구매하기 위한 합리적인 접근이며 또래 집단만을 위한 독특한 제품을 추구하는 Early adopters 집단이다.

한국 학생운동의 제1세대로 불리는 4·19세대와 6·3세대가 대학에 다니던 1960년대에 태어나, 1980년대에 대학생활을 한 세대를 가리킨다. 이들 세대가 정치적·사회적 전면에 등장하기 시작한 1990년대에 생긴 개념으로, '386'이란 용어는 1990년대 중반에 등장한 386컴퓨터에서 딴 것이다.

그러나 '386' 세 숫자에는 각각의 뜻이 들어 있어, '3'은 1990년대 당시 30대를, '8'은 1980년대에 대학에 다닌 1980년대 학번을, '6'은 1960년대에 태어난 사람을 뜻한다. 즉, 1960년대에 태어나, 1980년대에 대학을 다니고, 1990년대에 30대였던 세대가 바로 386세대이다.

이들의 특징은 효율성과 공익을 중시하며 평등과 개방을 위해 내 것을 희생할 줄 아는 세대로서 기업에 헌신과 팀워크를 강조한다.

소비 성향은 고급 브랜드를 선호하는 가운데 패션이나 유행에는 비교적 무관심하며 가격과 품질을 비교하는 알뜰한 구매 성향을 가지고 있다.

미니골드의 시장 세분화 사례

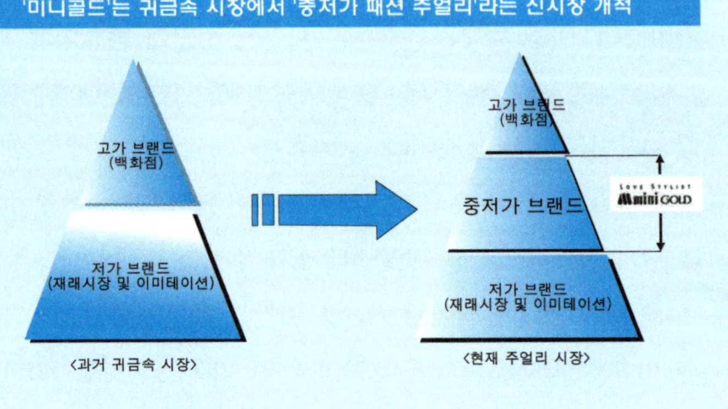

목표시장 선정(Targeting)

LG애드 대학생 광고 대상에서 대상을 수상한 한동대 P씨는 해외 여행객 1,000만 명 시대가 도래한 현 상황에서 젊은이들의 각종 어학 연수, 배낭여행, 단기 선교여행, 워크캠프, 교환학생 등의 해외여행이 급증하며 2030세대가 항공사의 주요 고객으로서 부상하고 있는 점을 착안해 20대~30대를 공략하는 기획서를 작성하게 되었다. 하지만 대 한항공이 경쟁사에 비해 Old한 이미지를 지니고 있다는 점, 젊은층은 항공사 가격에 민감하다는 점, 브랜드 선호도 조사에서 40대 이상에서는 대한항공에 대한 선호도가 압도적인 수치를 보이고 있는데 반해 20대, 즉 젊은 타깃에서는 선호도 격차가 그리 크지 않다는 점 등은 대한항공이 지닌 위기요소로 판단해 미래 고객인 2030세대에게 오래된 브랜드가 아닌 참신한 브랜드로서 인식되기 위한 커뮤니케이션 전략을 기획한 사례이다.

이와 비슷한 사례로 김포공항 마케팅 커뮤니케이션 전략에 대상을 수상한 홍익대학교 K는 김포공항의 이미지를 확보하기 위해 20~40세 연령의 시민을 대상으로 각 연령대별 100명씩 총 300명에 대해 약 2달에 걸친 자체 설문조사를 실행하였다. 이를 통해 김포공항만의 확고한 브랜드가 연상이 되는 것이 부족하며 현재 Old한 이미지를 내포하고 있는 것을 알아내고 커뮤니케이션에 단기간에 효과를 가져올 새로운 타겟팅을 찾는데 주력했다. 따라서 대학생, 사회초년생으로 매체 접촉률이 높아 커뮤니케이션에 용이하고 다른 세대에 미치는 영향력이 큰 구성원인 20세에서 33세까지의 주요 타겟팅으로 선정하고 그들에게 어떻게 강력한 브랜드이미지를 심을 것인지를 구상했다. 그 결과 김포공항에 예술작품 감상하는 공간, 음악을 감상하는 공간, 책과 정보를 얻는 공간, 놀이 공간, 영화 볼 수 있는 공간, 회의 공간, 휴식공간 등 젊은 세대의 코드에 맞는 7가지 멀티공간을 구성할 것을 제안하였다.

이렇듯 **타게팅은 여러 세분시장 중에서 자사의 경쟁우위와 기업환경을 고려했을 때 자사에 가장 유리한 시장기회를 제공할 수 있는 특화된 시장을 선정하는 과정이다.** 고급차 메이커인 포르쉐(Porche)는 미국의 전체 8천만 차 소유자 중에서 포르쉐 구매 가능성이 가장 높은 30만명을 골라냈다. 이들은 의사와 벤츠 소유자, 연 소득 15만불 이상자들이었다. 이렇게 데이터 베이스만을 구축하는 데도 6개월의 시간과 $250,00이 소요되는 힘든 작업이었다. 그러나 이와 같이 고급

차 소유 가능성이 있는 시장을 세분화해서 그들에게 1대1 마케팅을
실시한 결과 포르쉐는 엄청난 효과를 보게 되었다.

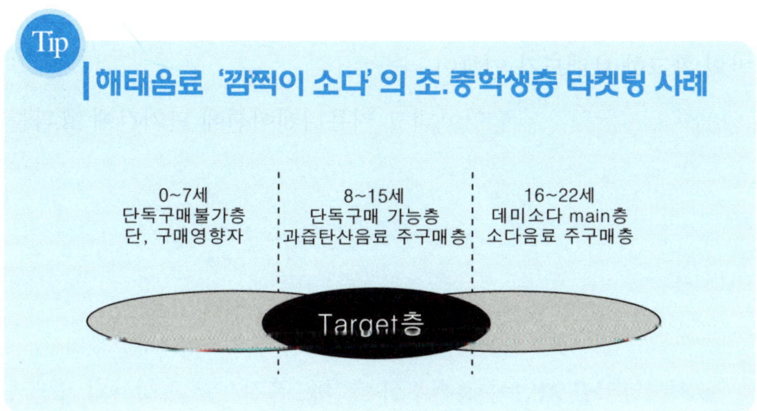

포지셔닝(Positioning)

포지셔닝이란 기업이 경쟁우위 달성을 목적으로 경쟁사의 제품과 다르게 인식되도록 마케팅믹스를 사용하여 고객의 마음 속에 제품의 정확한 위치를 심어주는 과정이다. 경쟁우위는 어떤 제품 혹은 브랜드가 제공하는 가치와 무관하게 고객의 주관적인 가치에 의해 결정되기도 한다. 따라서 **표적시장에서 고객들의 마음속에 강력한 위치를 차지하는 포지셔닝 전략은 경쟁우위를 달성하는 중요한 수단이다.**

청량음료업계를 군림하였던 코카콜라에게 1930년대 펩시가 코카콜라에 차별화하여 그의 자리를 굳건히 하는 계기가 있었다. 1930년 공황에 경제가 어려운 때 젊은 세대를 집중공략하는 새로운 전략 '다음 세대의 선택(the choice of next generation)' 슬로건과 함께 코카콜라를 구세대로 밀어 넣는 브랜드 포지셔닝을 설정하여 펩시콜라는 같은 값으로 코카콜라보다 두배의 양을 소비자에게 제공하였다. 사실 어린이들이 맛나는 품질보다 양이 많은 것을 더 좋아한다는 점을 이용해 코카콜라와 차별화를 시도하였다. 그러나 코카콜라는 펩시콜라와 같은 양을 많이 제공하거나 아니면 값을 내릴 수가 없었다. 기존에 코카콜라에 사용하던 수십만의 콜라병을 쓰레기로 버릴 수가 없었고, 또한 자동판매기가 이미 옛날 값에 고정되어 있었기 때문에 값을 내릴 수 없었다. 낮은 값으로 펩시콜라는 확실한 포지셔닝을 한 것이다. 이러한 브랜드 포지셔닝으로 기성세대를 공략하는 코카콜라와 정면 충돌을 피하면서 시장을 키워나갔다.

Tip | 마시는 식초 "홍초"

우리나라 음료시장에서 식초음료로 포지셔닝한 대상의 '홍초'를 사례로 들 수 있다. 이 제품은 기존 조미용 식초와 달리 상큼하고 새콤해 남녀노소 누구나 부담없이 즐길 수 있으며 특히 식초가 피로회복, 성인병 예방, 다이어트, 변비예방 등에 효과적이라는 사실이 알려지면서 관심은 배가 되었는데 이 제품은 출시 9개월만에 단일 아이템으로는 드물게 매출 100억원을 돌파했다. 이는 청정원에서 생산하는 일반 조미용 식초의 연간매출액을 뛰어넘는 수치이고 마시는 홍초는 식품업계에서는 새로운 블루오션을 개척한 셈이다. 청정원은 홍초를 개발할 때부터 일반 조미용 식초가 아닌 마시는 식초 음료로 포지셔닝해 개발했다.

포지셔닝맵 작성

포지셔닝맵(positioning map)이란 제품에 대한 고객의 지각을 2차원이나 3차원 그래프로 표시한 것으로, 소비자의 머릿속에 인식되어 있는 자사제품과 경쟁제품의 포지션을 나타낸다. 포지셔닝맵은 소비자의 인지를 기준으로 만들어지기 때문에 인지도맵(Perceptual map)이라고 부르기도 한다. 이렇게 포지셔닝맵을 그려보면 공모전 주최사의 제품이 소비자에 어떻게 인식되고 있는지, 경쟁제품은 무엇이고 얼마나 있는지, 경쟁제품이 어떻게 인식되고 있고 또 어떤 위치관계가 있는지, 소비자가 생각하는 이상적인 제품속성은 무엇인지, 주최사 제품이나 경쟁제품이 놓치고 있는 시장은 어디인지 등을 알 수 있다.

저탄산 과즙음료 '깜찍이 소다' 는 리포지셔닝 전략으로 성공한 사례이다. 90년대 들어 탄산음료 시장 내에서 과즙탄산음료 시장은 꾸준한 성장세를 보이고 있는 가운데 소다 시장의 비중은 '96년 상반기 34.6%에서 '97년에는 41.8%로 높아져가는 상황이었다.

탄산 과즙음료시장에는 데미소다(동아오츠카), 네오 소다(해태음료), 윈디소다(롯데칠성)등이 나와 있었지만 데미소다가 전체시장의 70% 이상을 점하며 독주하고 있는 상황이었으며 메인타겟은 18-23세의 여성으로 제품 인지도가 확고한 상태였다.

이러한 시장 상황에 해태음료는 기존의 포지셔닝을 수정한 리포지셔닝 전략으로 저연령층을 위한 저탄산음료를 탄생시켜 기존제품과는 다른 시장을 공략하는 타겟 차별화 전략을 구사하였다.

제품의 개발단계부터 철저히 초등학생에서 중학생을 위한 타겟을 고려하였고 이러한 타겟의 특성을 고려해 부르기 쉽고, 친근감을 줄 수 있는 '깜찍이 소다' 라는 브랜드 네임을 확정시켰다. 캔의 크기도 음료 최초로 200ml 소형 캔을 개발함과 동시에 알루미늄질감을 이용한 화려한 디자인으로 어린이들에게 어필하도록 하였다.

맛에 있어서도 앵두와 체리, 포도과즙을 섞은 복합 과즙 음료를 개발함으로써 어린이들의 입맛을 사로잡았고 가격 전략에서도 기존 음료보다 약 100원정도 낮춘 저가격을 고수함으로써 저연령층의 구매를 활성화시키는 역할을 했다.

깜찍이 소다의 커뮤니케이션 컨셉은 'Unexpected Gag 음료' 로 예기치 않은, 엉뚱한 웃음을 안겨주는 음료로서의 이미지로 어린이들에게 접근하고 광고 또한 어린이들이 많이 시청하는 5시에서 7시 사이의 시간에 집중적으로 방영하였다.

이러한 과정을 통해 깜찍이 소다는 출시 2개월만에 월매출 30억 원을 기록하며 저탄산음료 시장의 1위 브랜드를 향해 도약해 갔으며 새로운 저연령층 시장을 개척해 나갔다.

이러한 깜찍이 소다의 성공은 리포지셔닝 전략을 통해 브랜드 네이밍에서부터 패키지, 디자인, 가격, 광고, 매체전략까지 마케팅의 모든 요소들을 체계화시켜 일사불란하게 움직인 결과물이다.

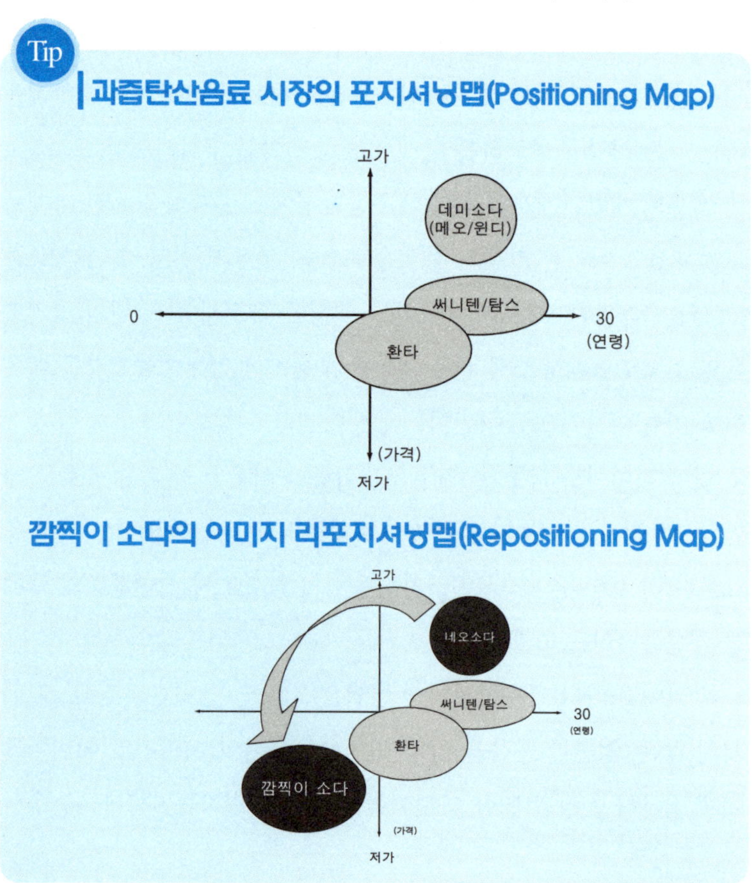

여러가지 형태의 포지셔닝맵

미니골드 포지셔닝맵

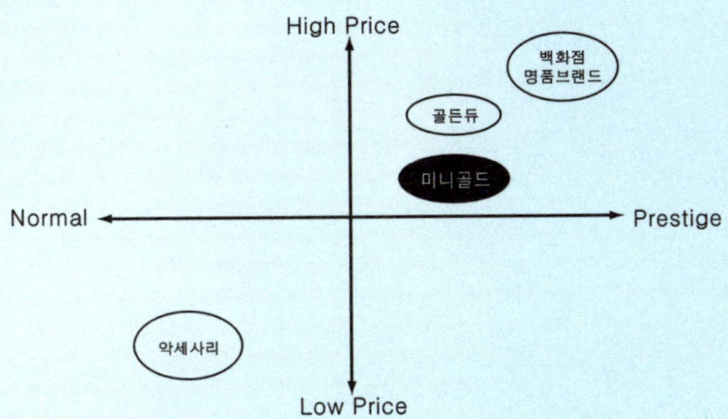

월마트와 이마트의 포지셔닝맵

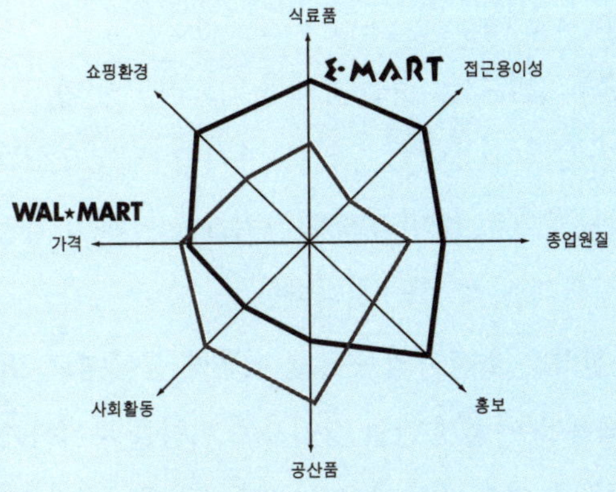

제품(Product) 전략

경쟁자와 차별화된 가치를 제공하기 위해 '보다 좋은 제품을 개발하고, 적정한 가격으로, 효율적으로 유통시키고, 효과적인 광고 활동을 통해 판매를 촉진하는 일' 이 마케팅의 기본이다. 이처럼 마케팅의 4P를 합리적으로 결합시킨 것을 마케팅 믹스라고 한다.

효과적인 마케팅이란 이런 수많은 마케팅 믹스 요소들이 혼합하여 조화롭게 된 것으로, 소비자에게 가치를 전달하며 기업의 마케팅의 목적을 달성하게 하게 하는 것이다.

이 중 **제품전략은 소비자의 수요를 어떻게 끌어내고, 또 수요를 만족시킬 만한 제품을 어떻게 만들 것인가에 지침을 부여하는 것이며 즉 어떻게 히트상품을 만들어낼 것인가와 비슷한 개념이다.**

롯데 자일리톨 껌은 원래 1997년에 출시가 되었던 제품인데 당시에는 외환위기라는 특별한 경제상황으로 인해 소비자들에게 외면당했던 제품이다. 그 후 치아건강에 대한 관심과 기능성 껌시장의 성장을 계기로 이 제품은 기존의 무설탕껌이 제공하지 못하는 '충치억제효과' 라는 기능적인 욕구를 줌으로써 최고의 히트 상품으로 자리매김을 하였다.

이러한 제품은 크게 최종 소비자의 사용을 위한 소비재와 다른 제품의 생산을 위해 투입되는 산업재로 구분할 수 있지만, 똑같은 물건이라도 구매목적에 따라 소비재일 수도 있고 산업재일 수도 있다.

예컨대, 가정주부가 시장에서 사는 제일제당 설탕은 소비재이지만, 동양제과에서 카라멜을 만들기 위해 구입하는 제일제당 설탕은 산업재이다.

소비재는 또한 소비자의 쇼핑습관에 따라 편의품, 선매품, 전문품 등으로 나누어진다. 편의품이란 소비자가 보통 소량으로 자주 구입하며, 구입할 때 여러 가게를 돌아다니거나 여러 상표를 비교하지 않고 구매결정을 내리는 상품을 말하며 그 예로 치약, 샴푸, 일회용 라이터, 담배, 껌, 비누 등이 있다.

선매품이란 소비자가 물건을 살 때 가격, 품질, 스타일 등의 여러 면에서 여러 상표를 비교한 다음 구매결정을 내리는 상품으로 여성용 의류, 가구, 중고차, 가전제품 등이 있다.

전문품이란 특정한 제품이 갖고 있는 독특한 특성이나 매력으로 인해 상당수의 소비자들이 그 상표만을 사려고 각별히 노력하는 상품을 일컫는다. 스테레오, 자동차, 오토바이, 카메라, 의료기구 등이 이에 속하는 상품이 많다.

　제품은 또한 몇 번을 되풀이해서 쓸 수 있느냐에 따라 내구재(자동차, 가구, 스테레오, 냉장고, 세탁기 등)와 비내구재(빵, 신문, 콜라, 맥주, 비누 등)로 나눌 수 있다

소비재의 분류와 마케팅 전략

구 분	편의제품	선매품	전문제품
구매빈도	높음	중간	낮음
구매관여 수준	낮은 관여 수준	비교적 높은 관여 수준	매우 높은 관여 수준
문제해결 방식	습관적 구매	복잡한 의사결정에 의한 구매	상표 애호도에 의한 구매
마케팅 전략	저가격 확산및편의성 광범위한유통 낮은제품차별성 빈번한판매촉진 높은광고비지출 빈번한이미지광고	중간가격 선택적 유통 제품 차별성 강조 제품 특징을 강조하는 광고 인적 판매의 중요성	고가격 독점적 유통 높은 상품 독특성 구매자의 지위를 강조하는 광고 인적 판매의 중요성
예	치약, 커피, 세제, 비누 등	일반가전제품, 가구, 의복 등	고가시계(Rolex), 고가 핸드백 (Gucci) 등

가격(Price) 전략

턱없이 저렴한 가격을 매기면 소비자에게 불신감을 주게 되고, 반대로 값싼 제품에 고가의 가격을 책정하면 잘 팔리지 않는다. 이처럼 **가격전략은 어느 정도의 가격이 적당한지를 결정하기 위한 전략이라고 할 수 있다. 따라서 가격전략은 마케팅 믹스들 중에서 소비자들뿐만 아니라 경쟁자들까지 가장 민감하게 반응한다는 것이 특징이다.** 또한 상방 경직성이 있어 인하하기는 쉽지만 가격을 인상할 경우 소비자들의 저항에 부딪히게 되어 가격 인상이 어려우므로 기업은 가격 인하시 신중하게 결정하여야 한다.

가격은 광고 등의 다른 마케팅믹스 변수를 바꿨을 때보다 가격을 변경시켰을 때 판매효과가 더 빨리 나타나는 경향이 있고 다른 마케팅믹스 변수와는 달리 가격결정은 즉각 실행에 옮길 수 있고 시간도 적게 걸린다.

여러 마케팅믹스 변수 중 가격만이 회사에 수익을 가져다 주며, 또한 가격정책만이 시행하는 데 거의 비용의 지출이 따르지 않기 때문이다. 다시 말해 가격변경은 기업의 이익에 즉각적으로 큰 영향을 미치고, 그만큼 회사의 매출액과 이익에 직접적이고도 즉각적으로 영향을 줄 수 있다.

고가전략은 제품의 판매가격을 상대적으로 고가로 형성하는 전략으로 높은 품질을 가진 제품을 개발하는 것을 목표로 하는 기업이 주로 사용하는 전략이다. 고가전략을 사용하기 좋은 시장여건으로는 수요의 가격 탄력성이 낮거나 진입장벽이 높아 다른 경쟁기업들이 진입하기 어려운 상황이거나 소비자들이 가격과 품질을 함께 연상하는 고가의 귀중품 등에 사용하기 적합하다.

이에 반해 저가전략은 제품의 판매가격을 상대적으로 저가로 형성하는 전략으로 단기간 내에 시장점유율을 확대시키려고 하거나 기업의 무리한 투자 등으로 생존을 위협받고 있는 기업들이 주로 사용하는 전략이다. 저가 전략이 사용하기 접합한 시장 여건은 수요의 가격탄력성이 높고 진입장벽이 낮아 규모의 경제를 빨리 갖추어야 할 경우 등이 있다.

개인용 컴퓨터 회사인 컴팩은 시장가에 가장 공격적으로 가격을 낮추고 품질을 유지하여 시장 점유율 1위를 획득하였다. 상품을 대량으로 판매하면서 규모의 경제를 이룩하여 델(Dell)이나 게이트웨이

(Gateway)처럼 중간상인에게 돈을 지불하지 않는 직접판매 회사들과도 경쟁하게 되었다.

대등가격 전략은 경쟁사의 제품가격과 같거나 거의 유사한 수준으로 가격을 정하는 것을 의미하는 것으로 기업이 경쟁 기업에 비하여 확고한 원가 우위나 확고한 차별화를 추구하지 못하였을 경우 주로 사용하게 되며 마케팅 믹스 가운데 가격이 차지하는 비중은 줄어들고 유통, 판촉, 제품 등이 차지하는 비중이 증가한다고 할 수 있다.

가격정책에는 크게 단일 가격정책과 탄력 가격정책이 있으며 단일 가격정책은 동일한 조건으로 구매하는 모든 고객에게 동일한 가격으로 판매하는 정책을 의미하고, 탄력 가격정책은 고객에 따라 상이한 가격으로 판매하는 것으로 버스의 미성년자 할인, 극장의 뮤비데이 할인 및 조조할인, 기차요금의 주말 할증 등이 그 예이며, 현대 사회 여러 비즈니스에 적용되고 있다.

고가전략과 저가전략의 비교

구분	고가전략	저가전략
목표	조기 현금회수 (상층흡수가격) 품질선도(제품차별화)	성장률 및 점유율 극대화 (침투가격) 제품 계열판촉(손실유인상품)
시장 여건	수요탄력성이 낮을 경우 (가격에 둔감) 진입장벽이 높을 때 차별화 (가격=품질 연상효과)	수요탄력성이 높은 경우 (가격에 민감) 진입장벽이 낮을 때 원가 우위

유통(Place) 전략

유통 전략은 판매 장소를 결정하는 단계로서 어디서 팔 것인가를 결정해야 한다. 제품을 특별한 매장에서만 독점적으로 판매할 것인지, 몇몇 대리점에서만 판매할 것인지, 아니면 시장에 대량으로 배포할 것인지를 결정하는 것이다.

이러한 유통전략이 잘 갖추고 있는 곳은 편의점으로 편의점의 경우 전산화된 시스템을 이용하여 카운터에서 재고 및 판매량이 체크되어 입하와 동시에 진열이 이루어지고 매출 상품을 즉시 추가 주문되어 보충된다. 이외도 날씨, 요일, 특정일, 소비자의 연령층과 같은 데이터를 통해서 그날 그날의 추천상품들이 검토되어 입하된다.

유통(Place)은 마케팅의 4P 중 기업이 만든 제품 및 서비스를 소비자에게 전달하기 위한 필수 요소이며 **유통 채널은 일단 수립되고 나면, 전략상 변화시키기 어려운 요소이기 때문에 그 중요성이 더 크다**

고할 수 있다.

삼성전자의 경우 시장 초기에는 대리점을 통해 자사제품을 판매했지만, 유통망에 대한 통제력과 영향력을 높이기 위해 최근에는 자사의 직영망의 비중을 높이고 있다. 이러한 것도 유통 전략 중의 하나이다.

따라서 제품이 팔리는 장소는 소비자가 제품을 어떻게 인식하는지에 막대한 영향을 미친다. 인식 상의 포지셔닝에 제품 판매 장소가 영향을 준다. 같은 옷이라도 백화점 명품 매장에서 파는 경우와 할인 매장에서 파는 경우 전혀 다르게 받아들여진다. 이 같이 판매 장소 결정은 제품 차별화의 또 다른 방법이다.

유통시장이 크게 변하고 있다. 이러한 변화는 외국의 유통업체가 우리나라에 본격적으로 진출하면서, 정보화 사회로의 발전을 통해 이 변화의 모습들은 더욱 두드러지게 나타나고 있다. 새로운 형태의 유통업체들이 많이 등장하면서 재래식의 유통구조가 서구식 유통구조에 몰려 점점 자리를 빼앗기고 있으며, 그런 가운데 대기업의 유통시장진출로 인해 중소 유통업체의 위치가 상대적으로 약해지고 있다. 소비자의 구매 성향도 양극화 현상을 보이고 있다. 보다 싼가격만 찾아다니는 바긴헌터(Bargain Hunter)가 등장하여 '다이소' 같은 1,000원 상품만 판매하는 전문 매장이 생기는가 하면 비싸더라도 한 가지 브랜드만 고집하는 소비계층도 존재한다. 가격파괴의 바람과

자동차 쇼핑문화의 정착은 바긴헌터의 장거리 쇼핑을 부채질하고 있다.

한편 점포에서 진열된 상품을 판매하지 않는 무점포 판매 열풍이 몰아치면서 인터넷을 이용한 소규모 업체가 늘어나고 있다. 결론적으로 지금 우리나라 유통시장은 할인점, 카테고리킬러, 슈퍼센터, 무점포판매 등을 중심으로 하는 신유통업체의 시험기라고 할 수 있다.

최근 급성장하고 있는 신유통업체 3인방, 즉 TV 홈쇼핑, 인터넷 쇼핑몰, 카탈로그 쇼핑은 점포없이 소비자에게 상품을 판매하는 무점포 소매업(Nonstore Retailing)이나. 무점포 소매업은 백화점이나 할인점과 같은 점포 소매업에 비하여 기본적으로 고객과의 커뮤니케이션 수단이 다르며, 무엇보다도 고객들이 원하는 시간에 자신의 집뿐 아니라 직장 또는 기타 원하는 곳으로 상품을 배달해주는 서비스를 제공한다.

이러한 무점포 소매업이 활성화되는 이유는 맞벌이 가정의 증가, 독신 회사원, 지방 거주민 등 대형 소매매장을 직접 방문하기 어려운 소비가에게 매우 매력적인 기회를 주기 때문이다. 이렇듯 적절한 유통 채널을 선택하는 방법이 매우 중요하다.

프로모션 전략

현대자동차 마케팅 포럼에서 당당히 대상을 차지한 서울대학교 B 팀은 'Young Generation 대상 현대자동차 이미지 제고 및 경쟁력 향상 프로모션 전략' 이라는 제목으로 26~29세의 직장인을 핵심타겟으로 선정하고 미래의 고객이자 자동차에 가장 관심을 가지고 있는 젊은층을 첫 수요자가 될 큰 시장으로 지목하고 프로모션 전략을 기획하였다.

FGI는 차를 소유하고 있는 20세~29세까지 5명의 남녀를 대상으로 약 2시간 동안 진행되었으며 설문지 조사는 서울시에 살고 있는 20세~29세 남녀를 대상으로 176명에게 6일간 실시했다. 이와 더불어 실제 현업의 목소리를 듣기 위해 판매업무를 하고 있는 현대, 르노삼성, 기아, GM 대우, 쌍용 자동차 대리점을 방문해 조사를 진행했다.

이런 조사 결과를 토대로 현대 자동차가 현재 다양한 프로모션 전략을 사용하고 있으나 Young Generation에게 어필하는 확고한 Brand Identity가 없는 것을 확인하고 자체 아이디어로 실질적인 프로모션을 기획했다.

그러한 프로모션 방안으로

첫째, 의도적인 컨셉카를 운영하여 티저광고의 효과를 본다.

둘째, 젊은 CEO나 리더들에게 현대차를 후원한다.

셋째, 세계여행에 도전하는 기회를 제공한다.

넷째, 특별한 날 신청을 받아 현대차를 빌려주는 이벤트를 한다.

이와 같이 대학생다운 창의적인 아이디어와 현실적인 실행방안으로 좋은 결과를 도출해내있다.

프로모션 결정에 있어서 가장 중요한 것은 확실한 목표 설정이다. 프로모션을 통해 소비자가 어떤 행동을 해줬으면 좋겠다는 것이 구체적으로 그려져 있어야 한다.

현재 공모전 중에서 공모주제로 가장 많이 다루어지고 있는 내용이 어떻게 프로모션을 할 것인가이다. 세부 마케팅 타겟을 제시하고 구체적인 프로모션 방안을 공모하는 방식이다.

프로모션의 방법 중 가장 많이 쓰이는 방법이 광고(advertising)이다. 광고의 반복된 메시지는 친숙함을 불러일으키며 제품에 대한 주의를 환기시켜 믿음과 친숙함을 만든다. 논리적 이유없이도 브랜드에 대한 선호도를 좋게 만들 수 있고, 광고비가 높은 미디어에 광고되었다는 사실 자체가 소비자를 설득한다.

광고는 크게 두 가지 성격을 갖는다. 제품 특성을 바탕으로 구체적인 정보를 제공하는 광고가 있고, 제품이나 회사의 이미지 형성을 위한 광고가 있다.

소비자는 이미지를 소비한다. 볼보 하면 '안전', 펩시 하면 '젊음'이라는 이미지를 연상시킨다. **공모전을 준비하면서 어떤 광고가 효과가 있는지 어디에 광고를 내는 것이 좋은지 잘 알고 있어야 한다.** 음반 광고라면 라디오 음악 프로그램 전후에 하는 것이 효과적이고 책광고라면 일간지 '책섹션'에 하는 것이 효과적일 것이다. 매체의 종류도 잘 선택해야 하고 같은 매체일지라도 비용 대비 효과가 높은 것을 택하는 것이 중요하며 이것을 미디어 계획(Media Planning)이라고 한다.

광고의 비용 대비 효과를 측정하는 기준 중 하나가 '리치(Reach)'와 '프리퀀시(Frequency)'이다. '리치'는 얼마나 많은 소비자에게 도달하느냐이며 '프리퀀시'는 '얼마나 자주 메시지가 전달되느냐'이다. 이 두 값을 곱한 것을 Gross Rating Points(GRP) = Reach x Frequency라 하며 GRP가 얼마냐에 따라 광고의 가격이 결정된다. 광고에 활용할 수 있는 미디어에는 TV, 라디오, 일간지, 무가지를 비롯한 신문, 잡지, 광고판(Billboard), 인터넷, 전화번호부, 지하철 벽면 등 다양하다. 이들은 '리치'와 '프리퀀시' 면에서 각각 다르다. TV는 둘 다 우수한 미디어이다. 특정 잡지는 그 잡지의 독자층의 성격에 따라 타겟 광고를 할 수 있다는 장점이 있는 대신 리치가 잡지의 도달도에 한정된다. 프리퀀시도 잡지 발간 주기에 의존한다.

리치도 높고 프리퀀시도 높은 미디어는 광고 단가가 당연히 높다. TV 광고가 단가가 높은 이유가 이 때문이다. 신문은 매체로서 신뢰도가 높고 지역별로 세분화가 가능하다. 또한 광고원고의 마감에서부터 게재까지 걸리는 시간이 비교적 짧으며 잡지보다 독자가 많다. 하지만 매체가치가 하루만에 상실되고 고객을 세분화하기 힘들다는 단점이 있다.

20대 여성을 타겟으로 한 화장품 브랜드 라네즈는 150억원 이상의 광고비를 한 해 동안 집행하고 있는데 다수의 TV 프로그램을 거버함으로써 소비자들에게 광고를 접할 수 있는 기회를 증가시키고, 총 누적 광고량을 경쟁사보다 높게하여 20대 층의 충성도를 높이는 전략을 사용하고 있다.

광고를 통해 마켓의 선도자를 이긴 사례로는 하나로통신의 '하나포스'를 경쟁의 위치에서 바꾸어버린 KT의 '메가패스'를 들 수 있다. KT는 막대한 자본력을 바탕으로 연간 400억원 이상의 광고비를 집행하여 소비자들의 인지도를 증가시켜 서비스 런칭 후 1년 만에 시장 점유율을 48%까지 확보하여 국내 선두자리를 차지하였다.

또 다른 프로모션 방법으로는 방문 판매가 있다. 제품이 복잡하거나 값비싼 것일수록 방문 판매가 유효하다. 정수기라든지, 보험, 학습지, 전문 기계 등은 판촉 사원이 직접 방문해서 자세한 설명과 함께 제품을 판매하면 효과적이다. 가장 비용이 많이 드는 프로모션 방법이지만 이 방법만이 가장 최선인 사업들이 있다.

그 다음으로 세일즈 프로모션(Sales Promotion)이 있는데 우리가 일반적으로 '세일'이라고 하는 것이다. 세일즈 프로모션은 광고를 뒷받침하기 위해서 시행한다. 이마트의 가격할인, 화장품 회사의 샘플 제공 및 쿠폰 행사, 다양한 사은품 제공 등이 여기에 속한다.

그리고 PR인데 PR은 'Public Relations'의 약자이다. PR은 보다 광범위한 대상을 향해서 행해지는 판촉으로 자선단체를 후원한다든지, 신문에 제품 관련 기사가 나도록 시도하는 것을 말한다.

그 예로 월마트가 한국에 좋은 이미지를 주기 위해서 유방암환자를 지원하기 위해 '분홍리본캠패인'을 홍보했으며 이를 통해 자연스럽게 언론에 노출되었다. 건강에 관한 TV 프로그램인 '비타민'의 위대한 밥상 코너에 소개된 농산물들은 방영 직후 수요가 급격하게 증가해 가격에도 영향을 끼친 경우인데 이처럼 제품에도 영향을 미친다.

이렇듯 자사 제품이 다양한 형태로 노출되도록 대중과 관계를 맺어주는 것을 뜻하며 제 3자인 방송과 인쇄매체에 의해 이루어지기 때문에 소비자는 광고나 다른 프로모션에 비해 PR을 더 많이 신뢰한다.

최근 들어 스포츠 마케팅이 부상하고 있는데 스포츠 스타의 의상이나 신발등을 통해서도 PR 효과를 극대화할 수 있고 올림픽이나 월드컵 후원과 같이 사회적 파장이 큰 행사에 후원하면서 브랜드 자산을 상승시킬 수 있다.

　위의 여러가지 방법을 적절히 구사해서 제품의 특성(Product)과 제품이 판매되는 장소(Place)에 맞는 프로모션 방법을 찾아내야 한다.

성공의 법칙

성공하고 싶은가?

그렇다면 먼저 지혜를 구하라.

지혜로운 자는 성공이 역경 위에 세워진다는 것을 알고 있다.

먹이를 노리는 매처럼 목표를 잃지 않는다면

성공하는 것은 당연한 일

주저하지 말고 의심하지 말라. 그대의 능력을 믿어라.

세상이 거져 주어지는 것은 없지.

나무를 태워야 불꽃을 얻듯이

열정을 살라서 성공을 꽃피우게 하는 것이지.

지혜로운 자는 알고 있다.

작은 불꽃은 장작 하나만 피울 수 있지만

큰 불꽃은 장작 여러 개가 모여서 피어오른다는 것을.

작은 불꽃은 그대의 손을 따뜻하게 하지만

큰 불꽃은 그대의 전선은 물론이고 세상을 밝게 한다는 것을.

Chapter 7

브랜드 네이밍 공모전

- 대한민국 브랜드 공모전 트랜드
- 기억 속에 오래 남는 브랜드 사례
- 방법을 알면 더 쉬운 브랜드 네이밍 기법
- 남들과 차별화 될 수 있는 슬로건 만들기

공모전 트랜드

브랜드(Brand)는 소비자로 하여금 판매자 또는 판매자 집단의 제품이나 서비스를 식별하고 경쟁자의 제품이나 서비스와 구별하도록 의도된 이름, 용어, 기호, 심벌 디자인 또는 이것의 조합을 말한다.

몇 가지 성공적인 브랜드들을 살펴보면, 스웨덴에서 만들어져 전세계에 수출되고 있는 고급승용차인 볼보(Volvo)를

연상할 때, 대부분의 사람들은 자동차의 다른 특성들에 앞서 '안전성' 의 이미지를 먼저 떠올리게 된다.

또한, 독일 브랜드인 아디다스(Adidas)는 독일식 '장인정신' 의 이

미지를 가지면 반면에 미국 스포츠용품 업체인 나이키(Nike)를 생각할 때는 마이클 조던이나 타이거 우즈와 같은 유명 스포츠인사와 더불어 'Just Do it' 이라는 나이키의 슬로건을 연상하게 되어 '도전정신' 이라는 이미지를 떠올리게 된다. 그밖에도 역시 단순하지만 관련 이미지를 가지고 있다.

다시다는 '고향의 맛' 이라고 생각되어지며, 애니콜(Anycall)은 '한국 지형에 강한 핸드폰' 으로, 세계적인 할인매장 월마트는 'Everyday low price' 로 매일 저가격의 제품을 제공하는 세계 최대의 할인마트의 이미지를 가지고 있다.

브랜드는 단순히 어떤 제품이나 기업의 명명이 아니라 기업과 제품의 무형적인 가치까지도 포함하게 되는데 이를 브랜드자산(Brand Equity)이라고 한다. 브랜드에 대한 인지도와 연상 등에 의해 형성되**는 브랜드자산은 제품에 브랜드가 포함되면서 발생하는 추가적인 가치를 말하며, 이는 제품의 가치를 보다 높여주는 무형적이고 부가가치가 큰 자산이 된다.**

이처럼 중요한 브랜드는 기업이나 지자체의 내부인력에 의해서만 정하는 것이 여간 어려운게 아니다. 따라서 회사는 브랜드네이밍 전문회사에서 개발비용은 적게는 수십만원에서 수억원까지 들여서 제작을 해야 하는데 공모전을 통하면 수상작에 대한 상금만 지급하면 되기 때문에 현재 많은 브랜드 공모전이 공지되고 있다. 이 뿐만 아니라 공모전을 개최함과 동시에 그 회사나 제품은 광고가 시작되는 것이다.

　이러한 이유로 기업과 단체는 브랜드 공모전을 통해 많은 참신한 브랜드를 얻을 수 있어 공모전을 개최한다. 보통 브랜드 공모전에는 단순히 브랜드 네이밍 뿐만 아니라 슬로건, 상표등록 및 법적 적용이 가능한지까지 요구하는 경우가 많다. 보통 **브랜드 공모전의 분량은 마케팅이나 아이디어 공모전보다 양이 적은 A4 1, 2장인게 대부분이다. 따라서 브랜드 공모전은 좋은 아이디어로 단시간에 준비할 수 있는 공모전이라 할 수 있다.**

　브랜드는 각 주체에 따라 다양하게 나누어진다. 브랜드를 공모하는 주최사의 성격을 확인하고 어떠한 형태의 브랜드가 필요한지를 먼저 연구하자. 이러한 과정을 통해 전략적인 브랜드 네이밍을 할 수 있다.

브랜드의 종류

제조업자 브랜드(manufacturer brand)

제조업자가 브랜드명을 소유하며, 생산된 제품의 마케팅전략을 제조업자가 직접 통제하는 브랜드로 브랜드이미지의 차별화를 위해 촉진 및 유통에 많은 마케팅비용이 투입되며 코카콜라, IBM, 농심라면, 태평양 등을 들 수 있다.

중간상 브랜드(private brand, distributor brand)

유통업자 브랜드라고도 하며 도소매업자가 하청을 주어 생산된 제품에 도소매업자의 브랜드명을 부착하는 것으로 PB제품이라고 흔히 불리운다. 도소매업자들이 제품에 대한 마케팅전략을 통제하기 때문에 중간 마진과 브랜드 로열티가 없어 원가가 낮고, 광고·판촉이 없기 때문에 가격이 저렴하며 대리점이나 영업소를 거치지 않기 때문에 유통 비용도 또한 낮아진다. 이러한 중간상브랜드(PB)상품의 예로 월마트의 그레이트 벨류(Great Value), 이퀘이트(Equate), 심플리 베이직(Simply Basic), 죠오지(George), 키드 커넥션(Kidconnection)등이 있으며, 이마트는 이플러스(EPLUS), 자연주의, 이베이직(E·BASIC), 에쁘디(e·petit) 등이 있다.

공동 브랜드(co-branding)

협동브랜드라고도 하며 업체 단독으로 브랜드를 개발하여 키울 수 있을 만큼 충분한 자원을 갖추지 못한 중소기업들이 공동으로 브랜드를 개발하여 사용하거나 LG-IBM, 외환-비자 등 한 제품에 두가지 이상의 유명 브랜드를 함께 부착하여 사용하기도 한다. 이러한 공동브랜드는 보다 많은 소비자들의 유인과 브랜드의 자산적 가치를 강화할 수 있고 독자적으로 진출하기 어려운 제품범주에 용이하게 진출한다.

2007년 대표 브랜드 네이밍 공모전

비씨카드 카드상품 네이밍 공모전	비씨카드
슬로건 공모	행정자치부
I love 5 · 18 기념행사 슬로건 공모	5 · 18 민주항쟁 기념행사위원회
구리시 슬로건 로고 공모	구리시
부산우유 브랜드 마크 및 네이밍 공모	부산우유
남성정장 신규브랜드 네이밍&BI 공모전	㈜ STO
청소년녹색교육센터 New Naming 공모전	한국녹색문화재단
슬로건 공모전	건강보험심사평가원
삼환기업 아파트 브랜드네임 공모전	삼환기업
안동대학교 홍보 슬로건 공모	안동대학교
가리봉동 도시브랜드네이밍 공모전	구로구/대한주택공사
새로운 청바지 브랜드 런칭을 위한 공모전	한얼INT

브랜드 사례

고도로 발달된 요즘과 같은 산업사회에선 제품간의 우열은 사실상 오십보 백보라고 말할 수 있다. 그래서 '스타킹을 팔지 말고 아름다운 다리를 팔아라' 라는 말처럼 기업의 이미지를 구축해 고객의 머리속에 각인시키는 것이 중요하다.

마케팅에 있어서 가장 강력한 개념은 잠재 고객 속의 기억에 한 단어를 심는 것이다. 이것이 바로 브랜드이고 슬로건이다. 복잡한 여러 연상보다 대표적인 한 단어가 가장 효과가 좋다.

세계적인 케첩회사인 하인츠는 여러 마케팅 과정에서 '세계에서 가장 느린 케첩' 이라는 슬로건으로 케첩의 농도가 진하다는 것을 보여주어 '느리다' 라는 한 단어를 부각시켰고, 화물을 배달하는 페더럴 익스프레스 또한 오로지 야간에 화물을 배달한다는 사실에만 초점을 맞추어 광고를 해서 '야간' 이라는 한 단어를 부각시켰다. 그 외에도 '메르세데스 벤츠' 는 기술, 'BMW' 는 안전, '도미노 피자' 는 가정배달, '크러스트(Crest)' 는 충치와 같은 이미지를 가지고 있다. 소비자는 많은 것을 기억하지 못한다. **대표적인 한가지를 머리에 각인시키면 다른 부수적인 이미지가 뒤따라온다. 이를 후광효과(halo effect)라 부른다.**

우리나라의 건설회사의 경우 브랜드의 역할이 크다. 우리나라 건설회사 수는 48,762개사(2006년 기준)로 치열한 경쟁을 하고 있으며, 특히 이 중 중견 건설회사는 그 경쟁이 더욱 심하다. 아파트 분양열기가 달아오르면서 건설업이 살아나고 있는 이 때 아파트 브랜드 네임은 시공 및 분양에 있어 강력한 파워를 갖는다.

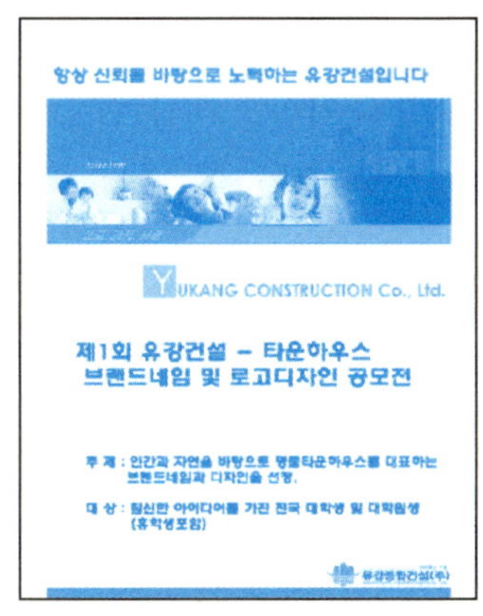

유강건설 브랜드 네임 공모전

80년대와 90년대 초만 해도 아파트 브랜드 네임은 사실상 건설회사 네임이 주를 이루었다. 즉 현대아파트, 동아아파트, 대우아파트 등 특별히 아파트 브랜드 네임을 강조하지 않고, 건설회사의 네임이 곧 아파트의 네임이었다. 90년대 중반에 들어서면서 조금씩 아파트에 브랜드 네임을 붙이기 시작했다.

삼성물산의 '래미안' 과 삼성중공업의 '쉐르빌' 은 아파트 브랜드에 불을 지피는 역할을 하여 당시 아파트 시공 건설회사로서의 인지도가 높지 않았던 이들 두 회사는 아파트에 브랜드를 적용시켜 기존 건설회사 아파트와의 차별화에 성공을 거두었다. 이후 삼성물산에서 지은 여러 아파트에 '래미안' 이라는 브랜드가 자리를 잡았고 삼성중공업에서 지은 고급아파트에는 '쉐르빌' 이란 브랜드가 자리를 잡았다.

이렇게 브랜드가 붙은 아파트들은 더 고가에 판매되었고 고급스러움 때문에 고객들이 선호하는 대상이 되었다. 건설업계에서 후발주자였던 이들 건설회사들은 아파트 건설에 있어 빠른 인지도와 함께 급성장을 하였다. 이후 다른 건설회사들도 앞다투어 아파트 브랜드 네임을 짓는데 총력을 기울이고 있으며 이를 위한 브랜드 공모전이 많이 진행되고 있다. 내부 인력에서 아이디어를 얻는 것보다 대학생의 참신한 아이디어가 더 좋은 브랜드를 만들 수 있는 가능성이 크기 때문이다.

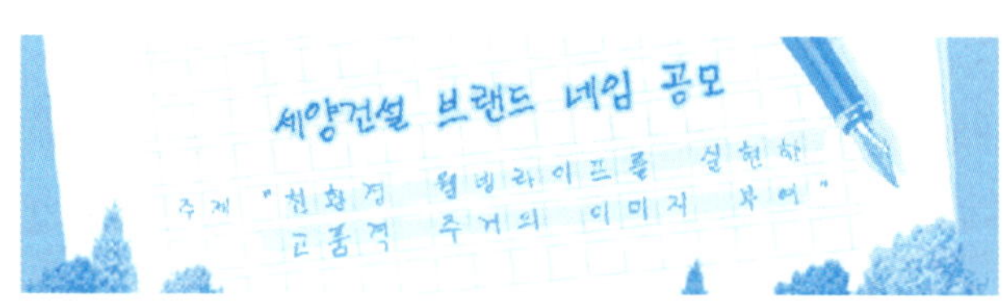

우수 아파트 브랜드 소개

래미안은 현재 시장에서 가장 강력한 브랜드 파워를 보이고 있는 브랜드이다.

래미안의 브랜드 비전은 '래미안은 집이 아닌 여러분의 특별한 명예이고 싶습니다' 로서 기본적으로 환경과 디지털이라는 컨셉을 보유하고 있다. 브랜드 슬로건으로는 '참을 수 없는 기쁨', '그곳에 살고 싶다', 'Change your life', '당신의 이름이 됩니다', '건강한 삶이 시작됩니다', '유비쿼터스 래미안' 으로 변경되었다.

아이파크는 'Innovation' 을 컨셉으로 기존의 아파트와는 차원이 다른 단순한 주거 공간이 아닌 높은 수준의 문화 공간이라는 개념을 도입했다.

슬로건으로는 초기 '집이 사람을 만듭니다' 에서 '아이파크에 사는 당신이 잘 되었으면 좋겠습니다' 로 변화되었고 다음으로 '아이파크가 들어오면 도시가 달라집니다', '아이파크가 들어오면 도시가 숨을 쉽니다' 로 변경되었다.

e-편한 세상은 초기에 '첨단과 함께하는 편리한 세상, 자연과 함께하는 편리한 세상' 이라는 컨셉으로 사이버 아파트, 편리한 아파트라는 내용을 전달하려 했다.

슬로건으로 '아파트와 당신만을 생각합니다', '체감공간이 넓어집니다. 느껴보세요. 더 넓은 세상' 으로 변경되었다.

브랜드 네이밍 기법

브랜드를 만드는 과정은 상품에 나타내고 싶은 개념의 설정으로부터 시작된다. 브랜드에 나타내고 싶은 개념으로는 제품이 주는 효익이나 사용상황의 표현, 기업의 이미지와 부합여부, 기업의 다른 제품과의 연계성 등이 있다.

예를 들어 KTF의 3세대 이동통신 브랜드인 '쇼(Show)'는 혁신성, 개인성, 재미 등의 핵심개념으로 도출되었고, 이를 가장 잘 표현해주고 있는 '쇼'라는 브랜드를 만들어 낸 것이다.

이렇게 브랜드가 만들어지면 브랜드명이 기억하기 쉬운가, 독특한가, 발음하기 쉬운가, 포장에 적합한가, 광고나 판촉에 유리한가 등을 기준으로 평가하는 단계를 거치게 된다.

브랜드를 개발하는데 여러가지 기법이 있다. 단순히 어떠한 브랜드가 갑자기 생각나면 좋지만, 다음의 기법들을 사용하면 더 쉽게 접근할 수 있다.

단어 변형 기법: 단어에서 철자를 바꾸거나 알파벳을 붙이는 기법을 말하며, 'Compaq컴퓨터' (Compact), 'Benefina주방기구' (Benefit), 'Meritz증권' (Merit+z), Asiana항공' (Asian+a), ' Lemona 비타민C' (Lemon+a) 등이 있다.

유머 기법: 제품이나 브랜드의 이미지를 유머스럽게 표현함으로써 주목성과 차별성을 이끄는 기법으로 삼겹살 제인점 브랜드 '돼지가 고추장에 빠진 날' , '웃으면 돼지' , 'Please go away' (미국 관광여행사), 'Mr. 바리깡' (남성 전문 헤어 체인점) 등 재미를 주면서 주목을 끌게 하는 브랜드이다.

의인화 기법: 상품을 의인화하여 표현하는 기법으로 소비자에게 친밀감을 주며 효과적인 캐릭터화가 가능한 네이밍 기법으로 '체어맨' (자동차), '쫄병스낵' , '윤선생영어교실' (영어학원 브랜드), '미스터 피자' (피자 브랜드) 등이 있다

의성어 기법: 음감을 이용하는 기법으로 제품과 어울리는 음감을 이용하여 표현함으로써, 제품의 전체적 이미지를 음감에 의해 강하게 형상화하는 기법으로 유아복 브랜드 '앙떼떼' , '쿠쿠, 'Yahoo' ,

'WaaWaa(와와)', '뽀뽀뽀', '룰루 비데', '퐁퐁' 등이 있다.

반전 기법: 반어적인 표현이나, 제품과 상관없는 의미의 도입으로 화제성, 차별성을 이끄는 기법으로 향수 브랜드 'Poison(佛)', 담배 브랜드 'Death' 가 있다.

좌우대칭 기법: 철자를 좌우대칭으로 시각화를 전개시키는 기법으로 개성, 통일성, 감각성 등을 가지며 의류 브랜드 '10II01' , 'VOV' , 'AVIVA' , 'Xerox복사기' , 'NEXEN타이어' 등이 있다.

숫자, 기호, 부호 삽입 기법: 숫자나 기호자체를 네임으로 만들거나 문구 등 다른 단어와 함께 네임으로 만드는 기법을 말한다. '칠성 사이다' , '콘택600' , 치약 브랜드 '2080' , '7UP' , '3M' , '2%부족할 때' 등이며 기호나 문장부호 등을 삽입하는 것은 젊은 타겟층을 대상으로 하는 브랜드에 최근 많이 부각되는 것으로 화장품 브랜드 'pH 5.5' , 'me:ll' 등이 있다.

연음 기법: 소리나는 대로의 표기를 그대로 사용하는 기법으로 발음이 용이하고, 같은 브랜드를 찾기 힘들어 상표등록의 잇점을 보이는 기법으로 과자 브랜드 '누네띠네', '아나파약국' '다나한(단아한)', '두보레(두볼에)' 등이 있다.

　　문장 기법: 제품의 특성과 속성을 문장식으로 길게 표현하는 기법으로 소비자들이 쉽게 제품의 특성 및 속성을 인지할 수 있으나, 경쟁사의 모방이 쉽고, 상표등록과정에 불이익을 가져올 수 있는 기법으로 음료수 브랜드 '갈아만든 사과' 가 있으며 이러한 브랜드는 '갈아만든 배', '복숭아', '포도' 등 브랜드 확장이 용이하다.

　　유행어 기법: 타겟층에 현재 유행하는 단어나 문장을 이용하여 표현하는 기법으로 역으로 유행어를 의도적으로 만들기도 한다. 그 예로 오렌지 쥬스 '따봉' 을 들 수 있다.

　　우리말 및 제2외국어 기법: 순수 우리말을 사용하여 표현하는 것으로 차별화 및 친근감을 더하는 기법으로 먹거리 브랜드 '풀무원', 스포츠 용품을 만드는 '낫소' 와 그 외에 '호두마루', '시나브로', '모나미' 등이 있다. 제2외국어를 활용하는 사례로는 '뚜레쥬르' (불어: 매일매일), 'EQUUS자동차' (라틴어: 개선장군의 말) 등이 있다.

슬로건 만들기

브랜드 공모전의 주최사들은 브랜드명만을 공모하는 경우가 있는데 그 많은 **공모작에서 당신의 것이 선발되기 위해서는 남들이 하지 않은 다른 부분까지 준비해서 제출하는 것이 좋다.** 그 한가지가 슬로건을 **제작**하는 것이다. 이에 더 여력이 있으면 **브랜드 BI(Brand Identity), 즉 브랜드 로고**까지 만들어서 제출하면 금상첨화가 될 것이다. 이렇게 체계적으로 준비된 작품이 수상을 받을 확률이 높다.

> **Tip**
>
> **| 슬로건 사례**
>
> *** 화장품**
> – 때로는 성공보다 사랑이 먼저다 – 쾌남 미래파(태평양)
> – 활짝반짝 눈빛미소 스케치 – 보브스테이지브라운(사몽화장품)

– 내 입술의 컬러, 뺏기지 말자 – 라네즈립스포에버

– 목마르지 않는 피부 – 크리니크

– 시간이 멈춘 피부 – 가네보

– 피부에 쓰는 아름다운 시 – 노블라임

– 식물 과학주의 – 오휘

*** 자동차**

– 당신을 표현합니다 – BMW

– 급이 다르다 – 리갈 2004(기아자동차)

– 차가 젊어졌다! – 클릭(현대자동차)

*** 이동통신, 해외전화**

– 스무살. 꿈의 키를 키워라 – TTL(SK텔레콤)

– 세상에서 가장 새로운 점 – SK 네이트닷컴

– 세일하는 국제전화 – 00770

– KTF적인 생각이 대한민국을 움직입니다 – KTF

– Digital Exciting – 애니콜

*** 건설**

– 사는법이 다른 아파트 – 자이(LG건설)

– 집에 대한 젊은 생각 – 미래사랑(대우건설)

– 당신의 이름이 됩니다 – 래미안(삼성물산건설)

– 밖이 다른 아파트 – 동부센트레빌

- 가고 싶은 곳, 머물고 싶은 곳 – 한샘인테리어

- 우리시대의 성 – 롯데캐슬

* 서비스

- 당신의 젊음을 응원합니다 – 삼성생명보험

- 당신이 생각한 그대로의 사람이 나올 겁니다 – 듀오

- 결혼이란? 반은 버리고 반은 채우는 것 – 선우

- 인생역전 – 로또

- 지식까지 찾아주는 검색 – 네이버

- 생활까지 싱싱하게 – 농수산홈쇼핑

- 이루어질 거예요... – 비씨카드

- 내가 스타가 되는 곳 – CGV

* 가전

- 상상의 속도만큼 빠르게 – HP

- 가슴에 꽂혔다 – 아이리버 MP3 플레이어

- 발효과학 – 딤채

- 가스비도 거꾸로! – 귀뚜라미 거꾸로 타는 보일러

* 식품, 주류

- 목넘김이 좋은 진정한 맥주 – OB맥주

- 생명을 하늘처럼 – 풀무원

- 근본이 다른 육수 – 청정원 육수본

- 세상에서 가장 맛있는 미소 – 하얀미소(오리온)

* 금융

- 당신의 평생친구– LG카드

- Think Star – KB*b

- 당신의 투자에 변화의 아침! – 굿모닝신한증권

- 당신과 당신의 성공사이 – 브릿지증권

- Money Partner – 연합캐피탈

- 평생친구 평생은행 –신협

부자의 법칙

부자가 되고 싶은가?

부자의 성 안에 들어가려면 부지런해야 하네.

세상 곳곳에 인맥을 뻗어두게.

다른 사람보다 일찍 성으로 들어가는 정보를 얻을 수 있을테니

여명이 트기 전에 집을 나서서 한 눈 팔지 말고 길을 재촉하게.

안개가 폭풍을 만나도 두려워하지 말고

넘어지거나 수렁에 빠져도 다시 몸을 추슬러

지체 없이 길을 떠나게

도중에 굶주린 사람을 만나면 음식을 나눠주고

추위에 떠는 아이는 가슴으로 안아주게.

목표를 잃지 않고 꾸준히 간다면 반드시 성에 도착하네.

그러나 한 가지 명심하게.

솜털이나 따뜻한 가슴을 지닌 사람만이

정문으로 당당하게 입성해서

먼저 온 사람들로부터 환영을 받는다는 사실을.

자, 더 늦기 전에 우리 함께 그 성으로 들어가 보지 않을텐가?

광고 공모전 도전하기

- 창의력이 필수인 광고 공모전 트랜드
- 유사 작품 제출을 막기 위해 기존 수상작은 확인하라
- 응모 주제와 작품 규격 양식은 반드시 지켜라
- 독창적인 아이디어가 생명이다
- 절제의 미와 고급스러움이 묻어나게 단순화하라

광고 공모전 트랜드

우리는 하루에도 TV, 라디오, 간판, 전단지 등 수많은 광고에 노출되어 광고 세상에 살고 있다고 해도 과언이 아니다. 이러한 광고가 수백, 수천개가 하루에 생성되고 사라지고 있는게 현실이다. 주최사는 고객의 수요에 맞추어 새로운 광고를 제작해야 하는데 시대가 원하는 평범하지 않은 기발한 아이디어를 동반한 창의적인 광고가 필요하다.

광고 공모전의 핵심은 대학생다운 기발한 아이디어와 간결성으로 '아! 이거다' 라는 생각이 드는 광고가 좋은 광고이다. 즉 정확한 컨셉과 내용전달이 필요하다.

광고의 평을 보면

정확히 메시지를 전달하는가? 즉, 컨셉이 분명한가를 본다.

간결하면서도 쉽고 각인을 줄 수 있는가?

대학생다운 창의력이 내포되어 있는가?

현재의 트랜드에 적합한가?

공익적인가?

기본 양식 및 규격에 맞는가? 등이다.

2007년 제2회 린나이 대학생 광고 공모전의 대상 작품은 자린고비를 소재로 천장에 매달아 놓은 굴비를 보며 식사를 마친 자린고비가 달빛을 이용해 붓으로 '린나이'를 적어 벽에 붙히고 따뜻하게 잠을 자는 모습을 광고로 그려냈다. 대학생다운 창의력과 고전을 이용한 독특한 소재로 '린나이'의 주 컨셉인 '따뜻함'을 보여준 재미있는 작품이다.

'린나이'에서 야심차게 진행하는 신규상품인 깔끔한 음식물 처리기 '비움' 광고는 대학생의 작품을 토대로 실제 TV광고 제작하여 방영 중에 있다. 음식물 쓰레기를 들고 엘리베이터를 타고 가는 모습에서 불편함을 주고 있는 모습을 누구나 공감할 수 있게 잘 표현한 작품이다.

기존 수상작은 확인하라

광고공모전에서 또 신경을 써야 할 부분이 있다. 바로 유사작품이나 타공모전 모방시 수상 자격이 박탈된다. **열심히 작품을 만들어서 제출을 했는데, 이미 같은 아이디어가 전에 수상을 받았다면 유사작품으로 인정되어 수상을 받기가 쉽지 않을 것이다.** 다행이 우리는 인터넷이 있어 이러한 정보를 어렵지 않게 볼 수 있다. 대기업과 큰 공모전은 이미 기존 수상작품들을 공개하여 공모전의 신뢰성을 구축하고 중복된 아이디어를 방지하기 위하여 웹사이트를 통해서 대중에게 공개한다. 이런한 자료를 참고하면 입상작의 수준과 기존 아이디어를 알 수 있기 때문에 공모전을 준비하는 학생들은 반드시 입상작을 확인해야 한다.

입상작을 공고하는 대표 사이트

한국전력공사 대학생 광고공모전:
http://cyber.kepco.co.kr/kepco/kepco_univ_ads/index.jsp

제일기획 광고 공모전: http://adaward.cheil.co.kr/ad_award_28

LG애드 대학생 광고 대상: http://www.lgad.co.kr/study/main.asp

금호아시아나 광고 공모전: http://www.kumhodesigncontest.com

린나이 대학생 광고 공모전:
http://creativechallenger.co.kr/sub/info.asp

에이즈정보센터 대학생 에이즈예방 광고 공모전:
http://www.kaids.or.kr/Infor_Html/adpr_Main.php

대한민국대학생 광고경진대회: http://kosac.ad.co.kr

한국공항공사 광고 공모전:
http://www.airport.co.kr/kor/contest2007/main/index.jsp

금연홍보 디자인 공모전: http://contest.kahp.or.kr/index.php

한국관광공사 광고 공모전: http://korean.visitkorea.or.kr

한국방송공사 광고 공모전:
http://www.kobaco.co.kr/family/education/intro.asp

양식은 반드시 지켜라

올해로 제 5 회를 맞는 한국전력공사 대학생 광고 대상은 응모부분은 한국전력의 기업이미지를 응모주제로 한 신문, 잡지 인쇄물과 TV, 인터넷 광고부분과 전기와 생활이라는 주제로 한 캘린더 이미지 부분을 진행했으며, 각각의 부분에 대해 작품규격이 주어졌고 인터넷 부분에서는 파일 형식과 용량 제한이 주어졌다. 이렇듯 **대부분 광고 공모전은 주최사에서 구체적인 응모 주제와 작품 규격을 제시하고 있기 때문에 반드시 이러한 사항을 확인해야 한다.**

대부분의 광고공모전에는 TV스토리보드 부문과, 인쇄광고 부문, 그리고 인터넷배너 부문으로 크게 나누어진다. 라디오광고 부문도 간혹 있지만 거의 이루어지지 않고 있다.

TV스토리보드는 말그대로 TV광고를 스토리보드형식으로 만드는

TV광고 스토리보드 양식

것이며 대부분 기본 양식을 제공한다. 보통 8~12컷정도로 핵심장면을 직접 그려서 제출한다. 이 양식의 중간에 광고 그림을 그리는 곳이 있으며 오른쪽은 오디오, 왼쪽은 비디오로 구성되며 그 장면에서 나오는 말과 행동을 각각 적어주면 된다. 이때 아이디어도 중요하지만 핵심장면을 포착하는 능력과 시각적인 측면도 많이 고려해야하기 때문에 미대나 시각디자인을 전공하는 학생들과 연계하여 진행하는 것도 좋은 방법이 될 수있다.

인쇄광고의 경우에는 하나의 인쇄광고를 만들어서 내는 것으로 신문광고나 잡지광고 혹은 포스터형식의 광고를 말한다. 이러한 광고도 규격을 제시하기 때문에 컴퓨터 작업을 통해 광고를 제작하고 우드락이나 하드보드지를 이용하여 부착 후 제출하면 된다.

인터넷배너는 배너광고를 플래쉬나 다른 프로그램을 이용해서 인터넷광고를 만들어 디스켓이나 이메일로 제출하면 된다.

아이디어가 생명이다

CJ 햇반 공모전에서 최우수상으로 당선된 '진짜 밥도둑?' 이라는 제목에 간장게장의 게가 햇반을 먹고 있는 이미지로 광고안을 출품한 대구 가톨릭대학교 학생팀의 창의력을 엿볼 수 있는 작품이었다.

현대자동차 광고 공모전에서 입상한 C팀은 대학생다운 창의력으로 시각을 달리하면 결과도 달라진다는 컨셉을 가지고 현재 현대 자동차의 이미지를 수입차로 바꾸어 고급화를 시킨 사례이다.

수입차가 매년 10%이상 증가하면서 더 이상 사치품이 아닌 수입차가 이제는 비싼만큼 제값을 하는 명품으로 포지션하고 있다. 이러한 현상이 현대 자동차의 또 다른 도전이라고 문제점을 제시했다. 러시아, 인도 자동차 시장 점유율 1위를 차지하고 190여 개 국가에서 현대 자동차가 수입되거나 생산되는 가운데 해외에서는 현대자동차를 수입차라고 인식하고 있는 것을 이용해 해외에서 수입하는 차로 이미지를 바꾸어 광고하는 전략을 제안했다.

이러한 독창적인 아이디어는 어디에서 나오는가? 분명한 것은 평소 흥미를 가지고 지속적으로 아이디어를 생각해 내는 것이 답일 것이다.

소니코리아 디자인 부분 우수상 수상자인 K씨는 **평소에 지속적으로 훈련하는 것이 중요하기 때문에 많이 보고, 많이 생각하고, 많이 그려보는 것을 강조했다.** 개인적으로 광고를 좋아해서 틈만 나면 많은 광고를 보고 현재 트랜드가 어떤가, 그 광고의 컨셉은 어떤가, 비주얼 커뮤니케이션은 어떻게 이루어지고 있는가 하는 것을 생각하는 훈련을 하고 있다고 한다.

단순화하라

디자인 한다는 것은 단순히 조립하고 배열하고 또는 편집하는 것 보다 훨씬 큰 의미가 있다.

그것은 가치와 의미를 불어 넣고, 의리를 드러내고, 단순화하고, 명확히 하고, 꾸리고, 권위를 부여하고, 극적으로 만들고, 그리고 즐거움을 주는 일까지도 포함하는 것이다.

— 폴 랜드 〈디자인, 형태 그리고 무질서〉

한국전력 대학생 광고대상에서 은상을 수상한 청운대학교 광고홍보과의 C씨는 한전의 빛을 북한에도 함께 나누려는 마음을 스위치에 담아 최대한 단순 명료하게 표현하여 단순함과 절제의 미가 돋보인 작품으로 심사되었다.

단순화시킨 작품은 조잡하지 않고 더 고급스러운 분위기를 연출한다.

　아래의 사례는 사물을 단순화시켜 상품으로 발전시키는 모습이다.

1. 정밀묘사(연필만 사용)

　장수 풍뎅이에서 나타나는 특성을 검정색(1도 칼라)으로만 표현한다. 더욱 사실적인 표현을 하려면 시선에서 가까운 부분은 더욱 진하고 강하게 나타내고 시선에서 멀어지는 부분은 조금 흐리거나 여리게 표현하면 더욱 사실처럼 느껴진다.

2. 채색 (물감 사용)

　다시 대략 스케치한 후 붓으로 정밀묘사를 한다. 여기서 중요한 것은 어떻게 하면 사진 또는 실물과 가까운 느낌으로 나타낼 것 인가인데 연한색을 먼저 사용하고 진한색을 가장 나중에 사용하는 것이 원칙이다. 얼마나 잘 그리냐 보다 얼마나 특성을 잘 알아내느냐가 중요한 사실이며 보통 특성을 잘 찾으면 찾을수록 그림의 질이 높아진다.

3. 단순화(테두리 그리기)
(연필 스케치 후 스캔하여 일러스터 사용)

가장 단순하게 표현하여 사물의 특성
을 나타내는것이 목적이다. 단순해야 하
며 면으로 구성해야 편집할때 용이하다.
거의 반 캐릭터라고 할 수 있고 중요한
것은 비례와 적절한 비례가 가져오는 안
정감이다.

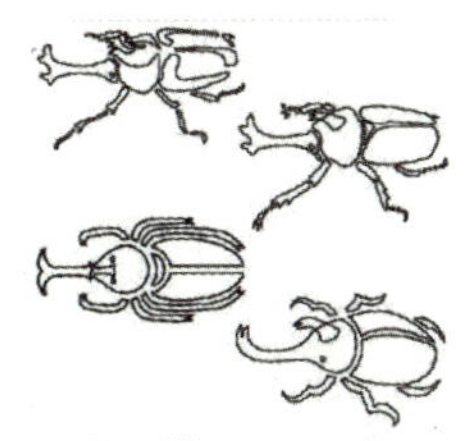

4. 단순화(Color)(단순화된 그림에 색을 입힌다.)

단순화하였던 캐릭터 중에 가장 균형
감있고 잘 표현된 것을 선택하여 예쁘게
색을 입힌다. 색상을 최대한 단순하게 사
용하여 적절하게 표현한다. 잘 되었다고
느껴질 때는 일단 복잡함이 없고, 귀여운
느낌 그리고 색의 농도를 잘 사용하여 입
체감을 줄 수도 있다.

7. 제품화(상상력을 키우자)

이제는 실제품화시키는 것인데 많
은 상상력을 요구한다.

이와 같이 어떤 사물에 대한 정밀묘

사부터 제품화까지 한번 그려 본다면 디자인에 대한 많은 스킬업
(Skill up)이 될 것이다.

사부터 제품화까지 한번 그려 본다면 디자인에 대한 많은 스킬업
(Skill up)이 될 것이다.

Chapter 9

공모전 프리젠테이션

- 3P 분석을 통한 프리젠테이션 전략
- 나만의 프리젠테이션 방식 자기의 PI를 구축하라
- 누구나 가지고 있는 무대 공포증 퇴치법
- 심사위원을 주목시킬 수 있는 관심을 불러 일으키는 방법
- 치밀한 계획으로 실전을 위한 준비 전략
- 고쳐야 하는 나쁜 프리젠테이션 습관

프리젠테이션 전략

프리젠테이션의 3P 분석

프리젠테이션의 3P는 청중(People), 목적(Purpose) 그리고 장소(Place)를 말한다. **누구를 대상으로 어떤 목적을 가지고 어디에서 프리젠테이션을 하는가를 정확하게 분석하면 성공적인 프리젠테이션을 위한 준비가 완료되었다고 할 수 있다.**

청중 분석은 참석자 수 파악에서 시작된다. 소수의 인원이 참석하는지 다수의 인원이 참석하는지에 따라 프리젠테이션의 방식도 달라진다. 공모전의 목적은 기획한 내용에 대한 충분한 내용전달이 목적이기 때문에 일반적으로 나열식 또는 고리식 설명은 지양해 '간결하고 강력한' 정보전달이 이뤄져야 한다. 장소 분석은 참석 인원수에 따른 장소 크기와 시청각 기기 사용에 적합한 환경 여부(밝음/어두움), 그리고 책상 배치 등에 대한 파악이다.

프리젠테이션의 말하기 전략

준비를 잘한 프리젠테이션도 중요하지만 프리젠터가 말을 하지 못하고 익숙하지 않은 표정을 짓는다면 그 사람의 신용도가 한 번에 무너질 수도 있다. 즉, 보이는 글보다는 들리는 말 한마디가 더 중요하다. 잘 정돈된 언어로 내용을 전하고 자연스러운 표정을 짓는다면 상대방에게 강한 인상을 심어줄 수 있다. 가장 좋은 기회는 한 번 밖에 오지 않으며 후회한다고 해도 돌아오지 않는다. 보통 공모전의 프리젠테이션 경쟁은 제한 시간이 정해져 있다.

이러한 성공적인 프리젠테이션을 위해서는 다음과 같은 말하기 전략이 요구된다.

- 말을 시작하기 전에 요점을 가다듬고 정리한다.
- 말의 속도와 높낮이, 목소리 크기를 변화있게 조절해서 말한다.
- 문장은 간결하고 명확하게 구사한다.
- 대화 상대나 청중의 반응에 적절히 대응하면서 말한다.
- 서론을 길게 하지 않는다.
- 결론부터 짧고 명확하게 말한 뒤 보충설명을 한다.
- 6하 원칙(누가, 무엇을, 어디서, 언제, 왜, 어떻게)를 적용해 말한다.
- 적절한 제스처를 활용한다.
- 질문에 대해서는 명확히 이해하고 간결하게 대답하며 질문이 이해가 안될시 반드시 되물어본다.

일단 발표가 시작되면 청중의 반응을 살펴보면서 진행을 한다. 그 중 프리젠터의 말에 머리를 끄덕이거나 편하게 맞아주는 청중이 있을 것이다. 이런 반응을 받았을 때 프리젠터는 자신감을 얻고 목소리에도 힘이 실리게 된다. **얼굴에 표정이 없고 냉정한 심사관에게는 가장 기본적인 청중 끌어안기 방법인 눈을 통한 대화(Eye Contact)를 시도해 주장하는 바를 말과 눈빛으로 설명할 수 있다.** 이러는 사이 비동조 세력은 차츰 동조 세력으로 바뀔 수 있으며 비교적 편하게 프리젠테이션을 마칠 수 있다.

읽어보면 누구나 공감하는 사항이지만 실제 프리젠테이션에 이를 활용하는 데는 처음에 어려움이 따른다. 그러나 첫술에 배부를 수 없다. 중요한 것은 나도 할 수 있다는 자신감과 반복적인 연습을 통해 교정과 수정을 해야 한다.

자기의 PI를 구축하라

공모전의 시작은 마케팅, 아이디어 기획서를 만드는 것에서부터 시작하지만 마지막 끝은 프리젠테이션 발표로 끝난다. 대다수의 공모전의 본선에서는 응시자의 프리젠테이션을 요구하기 때문이다. **일단 본선 프리젠테이션 경쟁 리스트에 이름이 올라갔다면 모두 1위가 될 수 있는 가능성이 내포되어 있다. 지금부터는 프리젠테이션 실력으로 그 순위가 판가름 난다.** 대상의 행운은 저절로 따라 붙는 것이 아니라 스스로의 노력에 의해 만들어진다. 이 행운을 만들어 내기 위해선 자신이 갖고 있는 최고의 상품인 자기 자신을 마케팅하는 방법부터 익혀야 한다. 이렇게 한번 익혀 놓은 프리젠테이션 방법은 자신의 인생에서 많은 기회를 넓혀주는 역할을 한다.

이렇듯 프리젠테이션은 한마디로 '기회' 다. 프리젠테이션을 통해 자기 자신에 대한 이미지, 즉 PI(Personal Identity)를 구축할 수 있으며 반대로 자기 자신의 이미지(PI)를 이용하여 프리젠테이션을 성공적으로 이끌 수도 있다. 이러한 고리를 만들기 위해서는 먼저 철저한 분석으로 자기 자신에 대해 파악하는 것이 필요하다. 이러한 것은 그리 어려운 일이 아니다. **평소 만나는 사람들에게 나의 첫 인상은 어땠는지, 지금은 어떻게 생각하는지, 나를 생각하면 떠오르는 이미지는 무엇인지 등을 물어보고 이를 메모하고 스스로가 생각하고 있는 자신의 이미지를 분석하여 현재의 이미지와 앞으로 자신의 구축해야 할 이미지를 적어 본다.** 이렇게 자기 자신에 대한 이미지(PI)를 알았다면 그 이미지에 맞는 프리젠테이션 전략을 찾으면 된다. 이 때 조심할 것은 자신의 이미지의 장점을 최대한 살릴 수 있는 프리젠테이션 전략을 세워야 한다는 것이다. 가령 본인의 이미지는 중후한데 유머러스한 게 좋다고 썰렁한 유머를 툭툭 던지다 보면, 그 프리젠테이션은 오히려 역효과만 가져올 뿐이다.

자신의 이미지가 구축될수록 성공적인 프리젠테이션 가능성은 그만큼 커지는 것이다. 보통 몇 명의 심사관 앞에서 프리젠테이션을 하는 것도 있지만 어떤 경우에는 100명 이상의 사람들 앞에서 프리젠테이션을 해야 하는 경우가 생긴다. 평소에 아무리 말을 잘하는 사람이라도 그 만큼의 청중 앞에서 떨리는 것은 당연하다. 머릿속에 있는 내용이 생각 안나고 앞이 깜깜해질 때도 있을 것이다. '경험이 최고의 스승' 이라는 말처럼 프리젠테이션을 할 수 있는 기회를 많이 만들어서 대중 앞에 서는 연습을 많이 하자. 이러는 가운데 본인에게 맞는 프리젠테이션 방법을 찾고 계속적인 연습을 통해서 더 자신감을 가질 것이다. 처음에는 말을 잘하지 못하고 사람들을 만날 때에 직접 대면하지 못하는 경우가 많다. 그렇지만 이대로 연습하다 보면 어느새 발전한 자신과 만날 수 있을 것이다.

무대 공포증 퇴치법

전문가가 아닌 이상 누구나 무대위에서는 공포를 느끼고, 생각했던 말이 떠오르지 않아 식은 땀만 흘린 경우가 있을 것이다. 심지어 역대 최고의 연설가이자 미국의 존경을 받는 링컨대통령 또한 무대 공포를 퇴치하기 위해 많은 노력을 했다. 공모전에서는 많은 심사위원이 발표자의 한마디 한마디를 주시하기 때문에 프리젠터는 더욱 긴장을 할 수 밖에 없다. 이런 무대 공포증은 당신의 프리젠테이션의 최대의 적이며 이를 위해 더 부단히 연습을 해야 한다.

무대 공포증을 없애는 방법으로는 다음과 같은 마음과 준비가 중요하다.

- 청중은 당신이 염려하는 것을 알지 못한다.
- 청중을 개인으로 취급하라.

– 준비가 최선의 방법이다.

– 자신에 대해 긍정적으로 생각하라.

– 심호흡, 체조 등으로 긴장을 풀어라.

– 긴장된 모습을 보이지 말아라.

그리고 가장 중요한 것은 무엇보다도 '발표할 수 있는 기회를 많이 가져라' 경험보다 더 중요한 가르침은 없다.

관심을 불러 일으키는 방법

많게는 수백대 일의 경쟁을 뚫고 결승에 진출한 팀에서의 프리젠테이션은 분명히 다른 팀과 다른 무언가를 준비할 필요가 있다. 특히나 젊고 창의력이 무기인 대학생에게는 깜짝 이벤트나 사전준비는 플러스 요인이 되지 마이너스는 되지 않는다.

심사위원도 놀랄만한 무언가를 준비하라. **현재 공모전 발표시 시제품을 미리 만들어 온다든지, UCC를 이용해서 인터뷰나 영상을 제작한다든지, 팀원 전체가 주최사와 연관된 옷을 입고 간단한 공연을 보이는 등 예상치 못한 이벤트를 준비하고 있다.** 한가지 간단한 예로 프리젠터가 발표 시작전 갑자기 사탕을 심사위원에게 나누어준다. 이것은 편안한 마음으로 발표를 들을 수 있게끔 유도하기 위한 전략이었다.

간혹 침묵으로 주의를 환기시켜라

일반적으로 프리젠테이션은 끊어지지 않아야 좋은 발표라고 할 수 있지만 심리학적인 측면에서 살펴본다면 계속 진행된다고 그 효과가 커지는 것은 아니다. 프리젠테이션이 진행되지 않는다는 것은 반드시 발표가 중단된다는 것을 의미하지는 않는다. 필요할 때 적절한 호흡을 두고 잠시 침묵하는 것도 좋은 방법이다.

잠시 침묵하면서 생각을 정리한 뒤 프리젠테이션을 계속해 나가는 것이 현명하며 그 침묵이 관중의 주목을 더 받게끔 만든다. 관중은 틀림없이 흐르던 선율이 끊기면 일어나는 반응처럼 당신에게 집중할 것이다.

그 외에도 발표 중 관심을 모을 수 있는 '발표 중 오히려 심사위원에게 질문을 해 관심을 유도해라', '유머를 사용해라.' 등이 있다.

실전을 위한 준비전략

예비 연습이 완전함을 만든다.

미리 여러번 팀원이나 아는 사람을 모아놓고 실제 상황과 같이 발표를 해보고 질문도 받아보자. 가장 좋은 장소는 본인이 발표할 공간을 사전에 알아봐서 사전에 그곳에서 연습하는 것이 최선의 방법일 것이다. 하지만 보통 발표장소는 주최사의 회의실이기 때문에 이는 쉽지가 않다. 하지만 공간을 대여해주고 OA장비까지 대여해주는 공간전문대여업체의 생성으로 그리 어렵지 않게 장소는 마련할 수 있다. 이렇게 장소에 대한 어색함이 없어지면 연습을 통해 어디서 자기의 발표가 막히는지 정확히 알 수 있으며 미리 예상 질문에 대한 답변도 준비할 수 있다.

또한 자기 발표시간에 대한 예상시간의 측정이 가능하며 어느 부분에 시간을 어느 정도 부여할지에 대한 감각이 생기게 된다. 이런 연습은 머릿속에 시나리오가 떠올라 발표 당일 마음의 안정을 찾을 수 있다.

"최고의 프리젠테이션은 최고로 잘 짜인 각본임을 명심하라!'

서울의 A라는 세계적인 마케팅 회사에 한 젊은이가 마케팅 세미나에 참석을 하게 되었다. 약 2시간 가량에 걸쳐 진행되는 강사의 뛰어난 프리젠테이션 능력을 보고는 이 젊은이는 넋이 빠져 정신이 하나도 없었다고 한다. 마침 강사가 강의를 다 끝내고 이야기를 나눌수 있는 기회가 있었다. "강사님! 아니 어떻게 그렇게 프리젠테이션을 잘 하십니까? 저로서는 도저히 이해가 안될 정도의 대단한 프리젠테이션 입니다. 마치 저의 혼을 다 뺏어 놓는 것 같습니다. 도대체 그 비결이 뭡니까?" 그러자 그 강사의 답변은 이외로 간단하였다. "만약 선생님이 이 연단에 나와서 '아빠에 청춘' 라는 노래를 5년 동안만 똑같이 저처럼 계속 불러 보세요! 당신도 아마 진짜 생음악을 틀어 놓은 것처럼 그 노래를 멋지게 자동적으로 잘 부르지 않겠습니까?"

최고의 프리젠터가 되는 가장 좋은 최고의 비결 중의 하나가 바로 끊임 없는 노력과 더불어 반복적인 연습이라고 할 수 있다. 약간 불안하다든가 하면 리허설을 하여 보라. 친구들, 가족들 앞에서면 어떠랴. 바로 당신이 최선을 다했을 때의 돌아오는 멋진 결과만을 생각한다면 말이다.

발표자의 옷과 청결에 신경써라.

간혹 모자를 쓰거나 헐렁한 복장으로 발표를 진행하는 경우도 있는데, 아무리 학생이고 간단한 프리젠테이션 자리라고 할지라도 자신을 표현하는 자리이므로 단정한 모습이 필요하다. 마감발표는 자신이 그 동안 쌓아온 노력에 마침표를 찍는 가장 중요한 자리이기 때문에 밤새고, 힘들어도 단정한 옷차림으로 임해야 한다. 깔끔한 옷차림에서 스스로 자신감이 생기며 청중이 발표자의 옷과 구강에서 나는 냄새에 얼마나 민감하게 반응하지 모르지만 발표자가 스스로 발표하는데 신경이 거슬리는 이유가 될 수 있다. 그런 이유로 발표를 망치는 경우가 종종 있다.

목소리에 당당함을 담아라

일단 프리젠테이션에 들어가면 일단 청중들에게 자신이 발표하는 내용에 대해서 발표자가 모두 습득하고 있다는 것을 인식시켜야 한다. 그러기 위해서 가장 좋은 방법는 자신감있게 말하는 것이다. 목소리가 작으면 정확한 말을 하더라도 자신이 없어 보이기 때문에 맨 뒷 사람이 들리는 정도 균일한 톤으로 정확한 발음으로 말을 한다.

몸을 이동하거나 손으로 지적하면서 프리젠테이션을 진행하는 것은 좋지만 너무 자주 이동하거나 손을 휘젓거나 하는 행동은 그리 좋지 않다. 특히 레이저 포인트로 너무 자주 원을 그리거나 하면 청중으로부터 산만함을 느끼게 할 수 있다. 또한 바로 서서 발표할 때는 몸을 좌우로 흔들면서 발표하는 경우가 있는데 그 또한 발표자의 불안

함의 표현이라 안좋은 행동이다.

발표를 끝낸 후 발표의 종류에 따라 다르지만, 꼭 "저의 발표를 들어주서서 감사합니다. 발표 내용에 대한 질문이 있으면 해주시기 바랍니다." 라는 말을 하는 것이 좋다.

쉬운 어휘를 사용하라.

사람들은 자기가 가장 잘 아는 말을 가장 쉽고 빠르게 이해한다. 따라서 정확하고 쉬우면서도 직접적인 어휘를 사용한다. 한번 들었을 때 핵심적인 단어들을 제외하고는 그냥 지나치기 쉽다. 말은 글과 달라서 사람들의 머릿속에 새겨지지 않는다. 청중들은 프리젠터들의 말에 이끌려갈 수밖에 없기 때문에 신중해야 하지만, 정확하고 간결한 단어를 선택하는 것이 좋다. 아무리 복잡하고 어려운 이야기라도 적절한 비유를 사용하면 쉽게 이해할 수 있다. 정확하고 간단하며 귀에 쏙쏙 들어오는 어휘는 성공적인 프리젠테이션을 할 수 있는 중요한 무기임이 틀림없다.

서론, 본론, 결론을 구성하라.

어떠한 글이든 서론, 본론, 결론으로 구성된다. 서론 없이 본론으로 들어갈 수는 없는 일이다. 그래서 시작하기 전에 간단한 팀소개라든지, 공모전 준비를 하면서 겪었던 에피소드을 준비하여 편하게 시작을 하는 것도 좋다. 경직된 분위기는 긴장을 부르고 이것으로 인해 프리젠테이션이 잘 풀리지 않을 수도 있다. 단, 지나친 행동을 하면

자칫 빈정대는 것으로 보일 수 있으니 주의하자. 이렇게 간단한 이야기나 일화로 시작하면 청중의 관심을 집중시킬 수 있다.

서론이 거의 끝났다면 핵심 주제를 정확하게 알려주어야 하며 어떤 것을 말하고 있는지, 무엇을 하려고 하는지 듣는이가 혼동되지 않게 해야 한다. 장황한 설명과 계속적인 반복설명은 지루함을 줄 수 있으니 사전에 팀원이나 주위사람을 대상으로 연습이 필요하다. 중요한 표와 그림 등 시각 자료는 반드시 출처를 언급하여 자료에 대한 신뢰성을 줘야 하며 이러한 사실성이 강하면 설득력도 높아진다.

미무리는 그 주제에 맞춰 설명을 간단 명료하게 하고 마지막으로 마무리를 정확하게 한다. 한가지 좋은 방안으로 속담, 명언 또는 마케팅 원칙 등을 인용해 전체를 한, 두문장으로 요약해 광고처럼 강한 인상을 남길 수 있다. 프리젠테이션이 끝나면 질문을 받는데 너무 길게 이야기하지 않는 것이 좋으며 솔직하게 답하는 것이 가장 현명하다.

나쁜 프리젠테이션 습관

일반적으로 대중 앞에서 말을 잘 못하는 사람들의 공통점은 다음과 같다.

- 노트나 프리젠테이션을 보며 그대로 읽는다.

- Eye contact을 피한다.

- 지저분하고 격식 없는 옷차림

- 정신없는 손동작과 말 버릇

- 가만히 서있는 부동자세

- 부사와 형용사를 되풀이해서 쓴다.

- 애매한 표현을 한다.

- 말끝을 흐린다.

- 외국어를 남용한다.

- 표정이 없다.

– 서론도 결론도 없다.

– 같은 말을 계속 되풀이한다.

선천적으로 말을 잘하는 사람도 있지만, 대부분의 사람들은 그렇지 못하다. 그렇다고 포기하기에는 너무 이르다. 누구나 연습을 하면 말하는 방법도 바뀌고 나름대로의 기법도 터득할 수 있다.

입사 가산점이나 서류전형면제, 인턴쉽, 해외여행, 금전적인 혜택 등을 제공하는 유익한 공모전은 대학생이면 누구나 한번쯤은 도전하고 싶은 열망이 있을 것이다. 국내 매년 2,000개 이상의 공모전이 개최되지만 그 경쟁은 날이 갈수록 더욱 치열해지고 이러한 경쟁은 공모전 당선작의 수준을 더 높임과 동시에 심사위원의 기대치도 그만큼 상승시켰다.

이렇게 어렵고 힘들기만 한 공모전, 열심히 준비했는데 항상 떨어지는 공모전...... 반면 입상하는 사람들은 항상 입상한다. 공모전 입상 비결! 과연 어떤 것일까?

이 책에서는 '전략'이라는 말이 자주 등장한다. 남들과 똑같이 준비하면 입상과는 거리가 멀다. 팀구성, 스케줄작성, 회의록작성, 자료 및 설문조사 등 전략적으로 준비하는 것이 필수적이다. 나만의 아이디어와 재치로 차별화를 시켜라. "구슬이 서말이라도 꿰어야 보배"라는 말처럼 창의적인 아이디어를 잘 정리된 설득력 있는 기획서로 표현하고, 능숙한 프리젠테이션을 통해 심사위원을 감동시켜라.

이 책이 이제 막 공모전에 관심이 있는 대학생, 시행착오를 줄이고 단시간에 공모전 입상을 원하는 대학생, 젊음의 열정과 꿈이 있는 대한민국 공모전 도전자들에게 많은 도움이 되었으면 한다.

과거에는 학력을 중심으로 인재를 채용했다면 지금은 전문성, 커뮤니케이션과 팀 워크능력 등 개인 역량과 미래에 대한 도전적인 열정이 가득한 인재를 원한다. 이러한 인재는 변화와 위기에 적극적으로 대처해 기업의 발전을 보장하기 때문이다. 따라서 기업은 더욱 철저한 인재 선발과정을 통해 개개인의 도전에 대한 결과물을 확인한다.

이 책은 공모전 준비의 기초부터 프리젠테이션까지의 모든 과정을 다양한 사례들과 함께 소개해 후배들에게 좋은 지침서가 될 것이라 확신한다. 대학생활 기간 남들과 차별되는 공모전 도전으로 자신만의 경력을 만들어 취업의 벽을 넘자.

- 백종우 과장 (KTF)

대학생과 직장인을 대상으로 전략 및 기획을 강의하고 있으며 더불어 여러 공모전 준비생들을 지도하는 데 힘을 쏟는 저자에게 진심으로 아낌 없는 찬사를 보낸다. 이 책은 현재 트랜드로 형성되어 있는 공모전 도전의 시작단계부터 종료까지 알기 쉽게 풀어놓은 책이다.

이 책을 통해 체계적으로 공모전을 준비하여 미래를 위해 도전하는 대학생들이 좋은 결과를 얻기를 기원한다.

- 고두갑 교수 (국립목포대학교)

대학생들에게 가장 소중한 자산은 젊음과 열정이다. 공모전에 대한 도전도 인생을 경험하는 유익한 기회라 확신한다. 실패라는 두려움보다 공모전 수상의 영예를 얻기 위해서는 자신감과 성취의욕이 필수적이다. 자신의 잠재능력을 발굴하고 획기적인 가치를 제안하는 창의적인 인재가 되기를 바란다.

이 책은 공모전 입상에 꼭 필요한 자료수집 및 분석, 기획서 작성, 프리젠테이션 준비과정을 잘 설명하고 있다. 공모전을 준비하는 대학생들에게 강력히 추천한다.

- 김문선 교수 (서정대학)

"좀 더 일찍 이 책이 나왔더라면 더 많은 입상을 했을 텐데……"

대학생활에서 가장 보람된 일 중의 하나가 공모전에 입상한 것이었다. 아직까지도 그 수상의 기쁨을 잊을 수 없다. 함께 팀을 이루어 밤을 지새우고 노력했던 시간들……. 이 책이 그 당시에 나왔다면 그처럼 많은 시행착오는 겪지 않았을 것이다. 이 책은 우리가 공모전을 준비하면서 꼭 필요로 했던 팀 구성과 진행과정, 아이디어발상, 프리젠테이션, 그리고 기본적인 마케팅이론을 대학생 수준에서 쉽게 이해할 수 있게 쉽게 풀어놓았다. 나와 같이 공모전에 도전하는 대한민국 대학생들에게 추천하고 싶다.

- 장광복 (CJ 햇반 공모전 입상자)

열정은 있지만 진행 방법을 모르고 해보지 않는 길이라 두려워하는 친구들을 종종 만나게 된다. 그 때마다 '일단 시작해라' 라고 조언을 했지만 이젠 이 책을 먼저 읽어보라고 추천하고 싶다. 이 책은 대학시절의 필수 과정처럼 되어가고 있는 공모전을 어떻게 준비해야 하는지 다양한 사례를 통해 보여주고 있다. 이 책이 나와 동시대에 살며 취업과 불투명한 미래로 인해 걱정하는 대학생들에게 큰 도움을 줄 거라고 믿는다.

- 김정혁 (농림부 공모전 입상자)